二人の女性リーダーが熱く語る

女性だからこそ解決できる慰安婦問題

杉田水脈 VS 山本優美子

目次

×

杉田水脈

衆議院議員

現在、世界中で、日本は女性を性奴隷にし、これはナチスドイツのホロコーストに匹敵する犯罪だと宣伝されています。これは全く事実無根であると、私は大きな声で断言します。

山本優美子

なでしこアクション代表

一人の大和なでしことして、次世代に素晴らしい日本を繋ぎたい。そんな思いをしながら、今、世界を駆け巡っている嘘と捏造の慰安婦問題に対して、私は断固として闘っています。

はじめに

――二人の女性リーダーが熱く語る「女性だからこそ解決できる慰安婦問題」という書名のこの本ですが、慰安婦問題はまだまだ解決はしていません。この慰安婦問題については、男が言うとどうしても迫力が弱くなるところがあります。女性だからはっきり言えるところ、女性だから理解してもらいやすくなるところがあると、やはり言えるでしょう。そこで今日は、現在進行形で、この慰安婦問題に取り組んでおられる両先生に思いっきり、熱く語っていただきたいと思います。

杉田　今日は、私と山本優美子さんといっしょに女の立場から思いきり慰安婦問題を語り合って、解決の見通しをつけますよ。山本さんもそうですよね。

山本　もちろん、そうです。女だから分かること、女だから言えること、慰安婦問題は、どちらかというと、男が加害者の立場に立ち、女が被害者の立場に立ち、性という微妙な問題の関係することだから、女性どうしで語り合うと、やはり違った見通しが見えてくると思うの。今日はしっかり語り合っていきましょう。

憂うべき慰安婦問題の展開

（73（48）10 20）元毎日新聞記者の千田夏光が「従軍慰安婦―〝声なき女〟8万人の告発」（女子挺身隊を慰安婦と同一視し、強制連行が横行したかのように記述）を刊行

（82（57）6 26）歴史教科書の誤報事件

（82（57）7 26）中国政府、教科書記述で抗議

（82（57）8 26）教科書についての宮沢喜一官房長官の談話

（82（57）9 2）朝日新聞が「若い朝鮮人女性を『駆り出した』」などとする吉田清治の講演記事を掲載

（83（58）7 ）吉田清治『私の戦争犯罪』出版

（85（60）11 8）小和田恒条約局長、衆議院外務委員会で、日本は極東軍事裁判を受諾していると答弁

（86（61）6 4）中国政府『新編日本史』への批判、『新編日本史』事件始まる

（89（1）8 ）吉田清治『私の戦争犯罪』韓国語出版

（90（2）11 16）韓国挺身隊問題対策協議会（挺対協）設立

（91（3）8 11）朝日新聞の植村隆記者が『女子挺身隊』の名で戦場に連行されたなどとする「元慰

安婦」の供述を報告
（91（3）12 6）「元慰安婦」3人らが日本政府を相手に東京地裁に提訴
（91（3）12 10・11）韓国政府が日本政府に慰安婦問題の真相解明を求める。
（92（4）1 11）吉見義明中央大教授が防衛庁の防衛研究所図書館にあった資料を発見したとして、朝日新聞は「慰安所　軍関与示す資料」として報道
（92（4）1 16〜18）宮沢喜一首相が訪韓し盧泰愚大統領との首脳会談で8回謝罪
（92（4）2 ）戸塚悦朗、国連人権委員会で慰安婦を「性奴隷」と表現する
（92（4）6 ）秦郁彦『正論』6月号で「従軍慰安婦たちの春秋」を掲載し吉田清治の証言を否定する
（93（5）7 26〜30）日本政府が韓国で元慰安婦16人から聞き取り調査を実施
（93（5）8 4）河野洋平官房長官が「河野談話」発表し、慰安婦の強制連行を認める発言をする
（95（7）7 19）元慰安婦に対する償い事業を行う「女性のためのアジア平和国民基金」（アジア女性基金）設立
（96（8）1 4）クマラスワミが特別報告（いわゆる「クマラスワミ報告」）を国連人権委員会に提出
（96（8）3 ）日本政府、クマラスワミ報告への反論書を提出し、すぐに撤回する
（96（8）4 ）国連人権委員会がクマラスワミ報告を採択

〔98（10）8〕国連人権小委員会が日本の法的責任を要求したマグドゥーガル報告書を採択

〔07（19）3 16〕第1次安倍晋三政権が、「政府が発見した資料には軍や官憲による強制連行を示す記述はなかった」とし、河野談話を継承するとする答弁書を閣議決定

〔07（19）7 30〕米下院本会議が慰安婦問題で対日非難決議を可決

〔10（22）10 23〕米ニュージャージー州パリセイズパークの市立図書館に慰安婦碑が設置される

〔11（23）8 30〕韓国憲法裁判所が元慰安婦への補償について韓国政府が日本に賠償を求めないのは「憲法違反」と判決

〔11（23）12 14〕挺対協がソウルの日本大使館前に慰安婦像設置

〔13（25）5 13〕橋下徹大阪市長、慰安婦は必要なものと発言

〔13（25）5 28〕つくる会、橋下発言を支持し、「河野談話」の撤回を求める集会を開く

〔13（25）7 30〕米カリフォルニア州グレンデール市に海外初の慰安婦碑設置

〔13（25）9 10〕「慰安婦の真実国民運動」結成

〔13（25）10 16〕産経新聞が「河野談話」の根拠となった元慰安婦16人の聞き取り調査報告書を入手して、調査は「ずさんで、『河野談話』の正当性は根底から崩れた」と報道

〔13（25）11 28〕読売新聞が慰安婦問題で不適切な表現をしたと謝罪

〔13（25）11〕日本維新の会「歴史問題検討プロジェクトチーム」を設立

（14（26）1　1）産経新聞が「河野談話」について、日本政府が原案の段階から韓国側に提示して、
修正するなど「日韓の合作」だったと報道

（14（26）2　6）「歴史の真実を求める世界連合会」（GAHT）設立

（14（26）2　20）石原信雄元官房副長官が衆院予算委員会で、元慰安婦への聞き取り調査は「裏付け調査なし」と証言

米グレンデール市の慰安婦像をめぐり、在米日本人ら撤去を求めて市を提訴

（14（26）4　4）安倍内閣、河野談話につき、平成19年3月16日の答弁書と変わらない旨の答弁書を閣議決定

（14（26）2　28）菅義偉官房長官が「河野談話」作成過程の「検討チーム」設置を発表

（14（26）6　20）「検討チーム」が「河野談話」作成過程などの検証を終え、「河野談話」は韓国を援けるための妥協の産物であるとする検証結果を公表

（14（26）7　14〜16）「慰安婦の真実国民運動」ジュネーブに調査団派遣

（14（26）7　15）外務省、国連自由権規約委員会で初めて「慰安婦は性奴隷という表現は不適切」と発言

（14（26）8　4）グレンデール市の慰安婦像撤去訴訟で、カリフォルニア州連邦地裁が原告側の訴えを棄却

（14（26）8 5・6）朝日新聞が特集記事「慰安婦問題を考える」を掲載して、吉田清治を取り上げた記事16本を取り消し、「挺身隊」と「慰安婦」の混同を認める
（15（27）7 27）「慰安婦の真実国民運動」、国連（ジュネーブの国連女子差別撤廃委員会プレセッション）で初めて発言
（15（27）12 28）日韓外相会談で、慰安婦問題で日本政府が10億円拠出して「最終的かつ不可逆的に解決される」として日韓合意
（16（28）2 16）外務省杉山晋輔審議官、ジュネーブの国連女子差別撤廃委員会で、慰安婦は性奴隷という表現は事実に反する、強制連行は吉田清治の捏造であると回答
（17（29）2 22）日本政府（外務省）、グレンデール慰安婦像設置に関するGAHTの起こした訴訟につき、米国連邦最高裁に意見書を提出
（17（29）3 27）アメリカ連邦最高裁、GAHTの再審査請求却下
（17（29）5 13）国連拷問禁止委員会、韓国政府に対し日韓合意を見直すように勧告
（17（29）5 29）デービット・ケイ氏、国連人権理事会に、報道の自由、歴史教科書、特別秘密保護法、沖縄県でのデモにつき、不十分な調査の下に、偏った内容の特別報告を提出
（17（29）5 30）日本政府（外務省）デービット・ケイ氏の特別報告に対する対外報告を提出
（17（29）6 10）「希望のたね基金」設立

第一章

なぜ私たちは慰安婦問題に関わるようになったのか

橋下大阪市長の発言が「セックス・スレーブ」と訳された

杉田　この対談で、大阪市長（当時）の橋下徹氏の発言は度々出てくると思うけれど、橋下氏のこの発言が世界中をかけめぐって、大非難を受けました。慰安婦がセックス・スレーブと訳されて、セックス・スレーブの誤ったイメージが世界に広がりました。まさに、取り返しのつかないことが起きたと思いました。慰安婦問題は男が、男性が作るという思いでした。

山本　確かにそうですね。でも、橋下氏の発言がきっかけとなり、慰安婦問題で活動している個人や団体が「新しい歴史教科書をつくる会」の呼び掛けで、「慰安婦の真実国民運動」に結集するという逆の成果も生まれたとも言えるでしょう。橋下氏は、慰安婦への配慮は必要だとも言っており、軍に慰安婦問題はつきものであり、なぜ七十年以上前の日本の慰安婦のみ問題にするのか、ということで、まっとうなことを言っていたという側面もありますね。

杉田　私、思うの。女性だったらこんなことは言わないと思うの。でもね、この橋下氏の発言、そっくり同じことを私や山本さんが言っていたら問題にしようがないわね。そんな意味でも、やはり慰安婦問題は男性が作る！

山本　(笑)。だけど、慰安婦がセックス・スレーブと訳されていくと、当時の状況では……。

杉田　そう。もし、私たちが同じことを言っていたら、セックス・スレーブと訳すでしょうか。訳しようがなくて、そして女が本当のことを言っているということになって、話題にもしてもらえなかったんではないかしら。

山本　そうかもしれないわね。

杉田　やはり、慰安婦問題は男が言うから問題になる、というところがある。「セックス・スレーブ」と言ったって、それは男から見た表現でしょう。女からすれば、当時の実態からして、自らセックス・スレーブだったとは言わない。

山本　だけど、男の言った「セックス・スレーブ」だけど、橋下さんの発言の当時、それはすっかり定着しており、その中で橋下さんの発言がセックス・スレーブを肯定したかのように伝えられて非難を受けた。

杉田　そう。だから、女の私たちが気がつかないうちに、日本軍は韓国の女性を拉致、つまり強制連行してセックス・スレーブにしたということになった。その誤解の限りでは橋下さんの発言は非難されても仕方がないということになりますね。

山本　私たちの気がつかないうちに、そういう環境が作りあげられていたということね。

橋下さんの発言には、こんなところがあります。

「銃弾が雨嵐のごとく飛び交うなかで、命懸けて、そこを走ってゆくときにね、猛者集団といいますか、精神的にも高ぶっているようなそういう集団、やっぱりどこかでね、まあ、休息じゃないけれども、そういうことをさせてあげようと思ったら、慰安婦制度というのは必要なのは、これは誰だって分かるわけです」。

これだって、実際には、問題ある発言ではない。それなのに問題となりました。

杉田　いえ、問題があります。慰安婦は「銃弾が雨嵐のごとく飛び交う」ような危険なところにはいませんでした。慰安婦の安全はもっともっと配慮されていました。慰安婦に関するこうした発言も男性ならではの発言だと思うの。

山本　でも、橋下さんが女だったら、この同じ発言でも、先ほども杉田さんが言ったように、まったく問題にならなかったと思うの。橋下さんが男であり、男の立場から言った言葉だから問題になったというところがある。

意外と認識されていませんが、慰安婦の直訳はコンフォート・ウーマンで、この単語は一般的な英語ではありません。そこでニュースなどでこの単語が出てくると必ず補足として「第二次大戦中、日本軍が強制連行した性奴隷」と説明がつくんです。ですから英語圏ではコンフォート・ウーマンは初めからセックス・スレーブの意味なの。ただ橋下さんの場合は、同じ発言でも、女性からなされていれば、これは戦場の性の問題を事実として述べたとしか受け取れず、世界も誤解しなかったでしょう。

杉田　そうよね。戦場の性の問題ということで、これはやはり男性の問題なのよね。その戦場と性の問題で、男性がやむをえない事実を言っても、男が言っているのでは、女を恥ずかしめているのではないか、という問題が残ってくる。そこで男が話すとどうしても誤解を受けることになる。そう、橋下発言には「海兵隊員に風俗業を活用してほしい」と述べたところがあったけれども、これも、もし私や山本さんが言っていたのだったら、問題のしようがない、そうよね。

山本　だから慰安婦問題は女の方が解決しやすい。この本のタイトルのように「女性だからこそ解決できる慰安婦問題」となるわけ、ね。

杉田　そうよ。

山本　ただね、正確を期するために言っておかなければならないんだけど、橋下さんの慰安婦問題に関する歴史認識には、私たちから見て不十分なところがあった。

杉田　どういうこと？

山本　日本の関わった戦争を「侵略戦争」だと簡単に言いきっていたわね。やはり、政治家としてはあまりに短絡的だと思うの。日本維新の会で共同代表をしていた石原慎太郎さんがこの点を納得せず、分党の原因の一つになった、そうじゃない？

杉田　確かにそうね。

山本　あのような短絡的なもの言いをすると、かの戦争で死んでいった人たちが浮かばれないと思うの。アメリカとの戦争では、あれは、アメリカが日本に最初の一弾を撃たせて始めた戦争、つまりアメリカが望み、実質的にアメリカが始めた戦争。それから日本が東南アジアに入っていたのも、日本が生き残るためで、どうしても仕方のないところがあった。それにその結果、アジアを独立させて第一次世界大戦後に当時のアメリカ大統領が提唱した、白人国家のためだけの民族自決の原理を、黄色人種にも広げ実現する役割を果たした。そしてやがてそれがアフリカの黒人世界にも広がった。

杉田　そうよね。アメリカとの戦争では、開戦寸前は、日本は必死になって戦争を避けようとしていた。

山本　それに中国との戦争ね。「史実を世界に発信する会」の茂木弘道さんが『戦争を仕掛けた中国になぜ謝らなければならないのだ！――「日中戦争」は中国が起こした』（自由社二〇一五年）という本を書いている。これは必読ね。

今では昭和十二年七月の盧溝橋事件は、中国共産党によって仕掛けられた事件だということがはっきりしているし、それに続く上海の戦いは、日本の三万の居留民を保護するために、合法的に駐留していた四二〇〇の海軍陸戦隊に中国蒋介石の三万の精鋭部隊が突如として襲ってきた。これ、今の日本で言うと、日米安保条約で合法的に日本に駐留しているアメリカ軍に、自衛隊が突如襲ったようなものとして考えると分かりやすい。

杉田　でも、日本の側に何の反省も必要はない、というようなことは言えないわね。

山本　もちろん、そうよ。

でも、かの戦争はけっして日本が一方的に始めた戦争ではないことを政治家としては押さえておかなければならないと思うの。

杉田　だから、昭和二十六年、マッカーサーは占領軍の総司令官を解任されて、アメリカの議会で、日本は自衛のために戦ったと証言したのよね。政治家はマッカーサーのこの言葉を忘れてはならない。

山本　だから、政治家は、かの戦争で死んだ人たちに、もう少し篤い気持ちでいなければならない。

杉田　そのことを前提に、慰安婦問題に帰りたい。

山本　そうね。

杉田　慰安婦制度を制度として現代の価値観から見ると、稲田朋美さんが橋下発言で言っていたように、人権問題だという発想も出て、そこから建前として言えば、売春制度としての慰安婦制度を制度とし認めることが、すでに女性の人権を否定したことになる。だから、一方では戦場の性という切実な問題でありながら、他方で建前のきびしい問題になる。

でもやはり、戦場の性の問題は、実態から語らなければ解決しないわよね。そのとき、やはり男性が言うより、女性が言う方が実態を言いやすくなる。

ジュネーブの国連人権理事会の近くには売春婦が立っていた

山本　国連本部のあるジュネーブには高級ホテルが沢山あります。国連の委員会に参加するために世界中から来た人たちが泊まる豪華なホテル。

国連の立派な会議室の中で、慰安婦は性奴隷ではなかった、いや性奴隷だったと、声を張り上げて議論している。でもホテルのある街中では朝から売春婦が立ち並んでいる。私は見ちゃったわ。

念のため言いますが、国連本部は街から少し外れたところにあります、徒歩圏内ですが。お姉さんたちは街の方、それも裏路地というほどでもなく普通のところに立ってます。

ジュネーブの国連本部の建物近くの高級ホテルに立っている売春婦

杉田　私は忙しくしていて、ゆっくり見たことはないけれど、山本さんははっきり見たんですね。

山本　見たわよ。写真にも撮ってある。

杉田　だったらその写真、この対談本に載せておきましょうよ。この本の初っ端から、この慰安婦さんの写真を載せれば、ともすると建前からばかり喋りがちな男性にとって、反省になるわよ。慰安婦問題はけっして現実から目を逸らしてはいけないのよ。現実の中で、男にとっても、女にとっても健康な関係を築かなければいけない。

山本　そうね、わかった。編集の方に写真を渡しておく。

杉田　ともあれ、世界から押しよせて、国連の立派な建物のエアコンの効いた会議室で、慰安婦は性奴隷だった、性奴隷ではなかったと激しく議論しているとき、そのすぐ傍の街角には慰安婦が立っていた。

山本　性の問題だからやはり現実を見た上で話さないと解決にならないわね。だから、慰安婦問題を解決するのは、やはり女性の方が優位ね。

杉田　日本では、慰安婦問題を解決しようと立ち上がっていた個人や団体が、「慰安婦の真実国民運動」に結集して、この人たちが国連に出かけて発言するようになり、日本の政府も、つまり外務省もわずかではあるけれど、動くようになった！

橋下徹氏

山本　私たち二人はどうして慰安婦問題に関わるようになったのか。

杉田　さてね、この第一章は、私たちがなぜ慰安婦問題に関わるようになったのかについて話す章だから、そのことについて話し合っていきましょう。

山本　では、杉田さんからどうぞ。

杉田　そうですか。では私から。

私はね、今年（平成二十九年）の四月、青林堂から出版した『なぜ私は左翼と戦うのか』で詳しく述べているんだけど、大学を卒業したのは平成二年、最初は住宅販売の民間企業に就職していてね、平成四年から西宮市の市役所の公務員になったの。

そうするとまず驚いたのは、民間企業では考えられない労働組合の跋扈。しかもそれが西宮市役所の場合、共産党系の「日本自治体労働組合総連合」（略称：自治労連）。

市役所に入所して驚いたのは、新人研修で「労働組合の時間」というものが設定されていた。

山本　それで労働組合に〝強制連行〟されたわけね（笑）。私もその本読みましたよ。

杉田　ありがとう。それで拒否できない雰囲気で加入申込書を書かされるんです。私も入所して初めてですから、つい雰囲気に呑まれて、加入申込書に名前など書きました。

それから次は、「しんぶん赤旗日曜版」の購読の強制。役職に就くと共産党系市議から電話がかかってきて、ほぼ強制。ある上司が勇気を持って「取らない」と宣言して取らなかったことがあったんだけれど、そうすると、嫌がらせが始まりました。市議は、いろいろな資料を職員に要求する権限のあることを逆手に取って、「この資料を出せ」「あの資料を作れ」とひっきりなしに要求してくる。これでその上司の管轄する部署の職員がへとへとになる。

こうして私は目覚めていきました。現在、西宮市長になっている今村岳司氏と西宮市政にかかわる勉強会を開き、さらには後に三重県知事になる経済産業省の若手官僚の鈴木英敬さんが提唱する「スーパー公務員塾」の西宮市版をつくることになりました。

そうしたら、労働組合や共産党から妨害を受けました。そしてインターネット上で嘘によるいやがらせを受けました。

山本 しつこくね。あの人たち、もし自民党がやったら鬼の首を取ったように非難するであろうその同じ手法を執拗に使ってくる。

杉田 だけど私の心はそのぶん強くなりましたよ。それで公務員受験塾の講師の依頼が来るようになったのだけれど、そうしていたら、ある選挙に出る人のマニフェスト作りを頼まれたの。

そうして政治に関わるようになって、平成二十四年二月十六日の総選挙で、兵庫六区で日本維新の会から出馬して、比例近畿ブロックで復活当選して衆議院議員に。

そうすると女性議員としてしなければならないことがヤマほどあることが分かった。慰安婦問題もその一つ。国会で検討すべき女性に関わる問題はいっぱいあるんだけれど、その中で慰安婦問題は筆頭ね。

慰安婦問題が国連女子差別撤廃委員会に持ち込まれたのは、平成六年。持ち込んだのは韓国ではなく日本のNPO。「河野談話」が出た翌年ね。そしてその前の平成四年には戸塚悦朗氏が「性奴隷」という言葉を持ち込んだ。当時の人権委員会の差別防止少数者保護委員会現代奴隷制作業部会で「慰安婦は性奴隷だ」と発言した。これに奴隷制作業部会が飛びついた。格好のテーマになるものね。

そしてこのころは、まだ私は西宮市役所の公務員になったばかりで、こんなことはまったく知らなかった。関心も持っていなかった。

ところが平成二十四年、衆議院議員になったころは、保守の側が、左翼の作り上げた虚構の慰安婦問題に反撃をし始めていた時期と言えるんです。

山本　そう。それで、アメリカに視察に行ったのが大きなきっかけとか？

杉田　そうです。平成二十四年の夏に、私の所属している元吹田市議会議員神谷宗幣氏が代表をしている『龍馬プロジェクト』のアメリカ視察に参加したことが切っ掛けでした。

この視察ではワシントンD．C．やニューヨークを訪れ、現地では元国務副長官のリチャード・アーミテージ氏、政治学者のマイケル・グリーン氏、外交問題評議会のシーラ・スミス氏など、親日家や知日家とされる知識人の方々と直接会って話をする機会に恵まれたんです。そうしたら、その時にみんなが口を揃えて主張していたのが「これからは中国が世界の脅威となるだろう。だから同じ民主主義国家であるアメリカと日本と韓国がしっかりと手を組んで、中国と対峙しなくてはならない。しかしなぜ日本と韓国はこれほどまでに仲が悪いのだ」ということだった。そして「日韓関係がギクシャクしている原因は、慰安婦問題だ」と言っていたんです。

なぜ彼らが根も葉もない話をするんだろうという思いから、私は個人的に慰安婦問題に関する調査を始めたのです。すると、慰安婦問題は決して一部の左翼だけが騒いでいるわけではなく、そしてすでに日韓の間だけではなく、アメリカなどの国々も巻き込んだ大きな問題に発展しているということに気がついたのです。

それで平成二十五年四月に衆議院予算委員会で質問する機会があり、この際に私は兵庫県宝塚市の事例について触れました。私の地元である宝塚市の市議会では、平成二十年三月に「日本軍『慰安婦』問題に対して、政府の誠実な対応を求める意見書」という決議が採択され、賛成二五票・反対一票で可決されました。この決議は分かりやすく言えば「河野談話をしっかり踏襲して韓国に謝罪しましょう」という内容だったんですが、採択に反対したのは無所属・改革派の若手議員一名だけで、賛成した市議会議員の中には自民党推薦・公認の議員もいました。

そこで私は予算委員会で政府に「(自民党も含めて）地方からどんどん左傾化が進んでいるのではないか」という質問をしたのです。また、この予算委員会では慰安婦問題にも触れ、政府の見解を問いました。これに対する菅義偉官房長官の答弁は「(慰安婦問題を）外交問題化しない」というものでした。

しかし、すでに韓国はアメリカやヨーロッパ、さらにはオーストラリアなどの国々で、慰安婦問題を利用した反日ロビー活動を繰り広げているんです。だから政府も「外交問題化しない」という姿勢を貫くだけではなく、何かしらの対策に出る必要があるんです。この予算委員会での答弁に私は全く納得がいきませんでした。

そうしたら、この委員会でのやり取りが切っ掛けで日本維新の会の先輩議員の尊敬している中山成彬さんや山田宏さんから「慰安婦問題は女性が取り組んだ方がよい」という助言をいただいたこともあって、私は慰安婦問題を自分の政策の軸に据えることにしたんです。

山本　覚えていますよ。私は杉田さんの国会での発言が嬉しくて、お礼のFAXを議員会館に送りました。その時はこうしてお会いできるとは思ってもいませんでした。

杉田　ありがとうございます。それでは、山本さん、あなたの場合は慰安婦問題と関わる切っ掛けは何だったんですか？

山本　平成二十二年の十一月だったでしょうか、パソコンをいじっていたら、『十一月二十五日は国会に行こう！　～女性に対する暴力撤廃国際デー～　日本軍「慰安婦」問題の立法解決を求める国際署名　提出行動　みなさま、ぜひとも十一月二十五日には国会で会いましょう！』という集会の案内が目についたんです。登壇者に、被害者女性として韓国から吉元玉ハルモニと李玉善ハルモニ、仙台から宋神道ハルモニも参加すると書いてあります。彼らの言う「慰安婦問題」とは何を根拠にしているのか、本や雑誌だけでなく生で聴いて知りたいと思いました。

それで十一月二十五日、秋深まる永田町の銀杏並木の下を通って会場の衆議院議員会館に一人で行きました。会場の議員会館の玄関に入ろうとしました。すると、予期しないことが起こりました。玄関に立っていた男性二人に止められたんです。そして名前を問われたんです。私が名前を名乗ると彼らは「入場お断わりします」と言ったんです。私は以前保守系の集会の手伝いをしてきたことがあり、その関係で、彼らは私の顔を知っていたようです。彼らからすると意見を反対にする側の人間だから、入場を断るということらしい。

私は「団体としてでなく、個人的に一人で来ています。私が会場で騒ぐように見えますか？静かに座ってお話を聴かせていただきたいだけです」と言いました。そして尋ねました。「あなたたちは私に入場するなと言いますが、あなたはどなたですか？　主催者ですか？」。所属と名前を何度も尋ねたが彼らは答えません。そして資料だけでも欲しいと言っても、応じてくれませんでした。

後から知ったのですが、この男性らは、左翼活動家でした。この集会では用心棒的に入り口で参加者のチェックを担当していたのです。参加希望者に入場を断るなら、所属も名前も言わない無礼な人間に任せず、主催者がきちんと説明するのが筋です。というより、議員会館という公共の施設を使うのに、特定の人を追い出すような集会を開いてよいのでしょうか？　結局、警察官に保護される形で、その場を去らざるをえませんでした。嫌がらせのように門前払いを食わされたのには腹が立ちました。

杉田　それは、腹が立つわよね。一般の人に集まるように呼びかけておいて、特定の党派の人しか入れないような集会を、衆議院会館で開くべきではない。そんな会合を国会議員が協力すべきではないですね。

山本　それで私は考えたんです。彼らは、攻撃をされるとばれる嘘をついて、偽りの政治状況を作り出している、と。彼らは、日本政府に対し慰安婦への謝罪と賠償を要求するなら、一般の日本国民が納得できるように、堂々と意見を披露し、集会を公開すべきです。ところが、主催者は奥に入って出ても来ず、用心棒男を使って意見の違う人を何の説明もなく排除している。保守系の論客が左派論客に公開討論を持ちかけても、必ず逃げると何度も聞いたことがありますが、それは正当なことを言っていないので、論に負けるからです。そのように公開で議論すれば負けるような議論で、この世を作り、嘘の社会を作ろうとしている。人を不幸にすることですよね。

しかし、そんな彼らでも、国会議員と連携して、こんな立派な議員会館で集会を開催している。彼らに議員会館を貸す国会議員も同じ穴のムジナです。もし、自民党の人が同じことをすると、どうでしょうか。彼らは鬼の首を取ったように批判するでしょう。

私たちも負けてはおられません。日本軍の組織的な慰安婦強制連行などはありません。「慰安婦=性奴隷」など嘘です。彼らは女性を全面に出して慰安婦問題を女性の人権問題として被害者を装う。しかし男性もいる公正な場では、主張できない。だから仲間だけで集って、男性の抗議に対して女性差別・蔑視などとバッシングし、さらにはセカンドレイプと騒ぎ立てて問題をすりかえていく。ならばこちらも女性が全面に出て対抗してやろう、堂々と主張してやろう、そう心に決めたのです。

杉田　男性も堂々と抗議しようと構えているところで、女性が被害者ぶって嘘を言っても通じない。だからこそこそと仲間だけで集まる。だけど、それでも社会に影響がある。それは結局、どちらかといえば加害者の立場に立たざるをえない偽善者的な男性が出てきて、彼女らに同情したふりをし、そそのかすからですよ。

ともあれ、堂々とした議論を避けるということが彼ら、彼女らが本当は社会のためになっていないということよね。

山本　私が「なでしこアクション」として慰安婦問題に取り組もうと思ったとき、二つ問題にしたいことがありました。一つが日本国内の地方議会で採択され続けていた「日本政府に元慰安婦への謝罪と賠償を求める意見書」を止めさせること。もう一つが国連への働きかけです。

女子差別撤廃委員会二〇〇九年（平成二十一年）四月セッションに「女たちの戦争と平和資料館」（Women's Active Museum on War and Peace,WAM）が提出したレポートにその時点で採択されていた宝塚市、清瀬市、札幌市、福岡市、箕面市、三鷹市、小金井市、京田辺市の慰安婦意見書が英訳して紹介されていて、国連では日本の地方議会からも声が挙がっているというように使われているのが分かったからです。

さらに女子差別撤廃委員会の最終見解書を読むと、左派ＮＧＯレポートをそのまま参考にしたような文言がいっぱいありました。そして国内に戻ると、「国連人権委員会から最終見解書が勧告された」と言われて、何やら大問題のように聞こえます。実は左派の意見が国連というフィルターを通って権威づけされただけではないか。女子差別撤廃委員会の次回の対日審査委員会はいつだろう。その時に何か取り組まなければならないと思いました。

地方議会の意見書については、産經新聞記者にこの話をしたところ、記事にして下さいました。

平成二十五年十月八日付「民主党時代に続出した「慰安婦意見書」可決です。その前の六月二十六日に自民党が強い島根県でも同様の意見書が可決されました。韓国が実質支配してしまった日本国の竹島のある島根県ですよ。それに同年七月にグレンデールで慰安婦像設置が決まったとき、像を推進した市議は「日本でも多くの市議会が慰安婦問題で決議している。私たちは正しいことをしているのだ。」なんて言ったのです。そのとき、市議会に反対意見表明に駆けつけた日本人・日系人は、日本でそんなことが起こっていたなんて大ショックだったんですよ。

その後、河野談話撤回運動の盛り上がりや『朝日新聞』吉田清治の記事の取り消しの件もあり、それまでの謝罪や賠償を基調とする決議の撤回を要求する「慰安婦問題に関する適切な対応を求める意見書」が各地で採択されるようになりました。

杉田　よく分かりました。やはり、慰安婦問題の止めを刺すのはやはり私たち女性よね。被害者ぶっている女性、罪を告白しているかのような偽善の男性、こうした人たちを打ち負かすのはやはり女性よね。慰安婦問題は男性と女性の問題で、女性がどちらかというと被害者の立場に立つゆえに、女性が被害者ぶると、偽善的な男性が寄ってくる。しかし、実際の現実問題からすれば、そんな問題ではない。女性が出ていって、この偽りの慰安婦問題を叩きつぶさなければなりませんね。

山本　だけど、私たちが気がつかなかった間に、慰安婦問題は世界に定着し、その解決にはかなりのエネルギーがいります。やはり、そのことを広く国民の方に気がついてもらいたいわね。

第一章はこの対談本の入り口になるから、ここで言っておきたいんだけど、橋下さんの発言はさんざん非難されて顰蹙を買ったけれど、それによって、保守の側つまり正統派の反撃が始まったと言えるようなところがある。

杉田　そう。先ほど橋下さんの発言は、女性が言っていたら問題なかっただろうと言ったけれど、あの時点までは、慰安婦問題は左翼とフェミニストの天下だった。慰安婦が「性奴隷」だというのでも、世界に定着していて「慰安婦」と言っただけで、「性奴隷」と訳され、世界中から非難が寄せられた。「河野談話」が定着して、日本軍は慰安婦を強制連行して「性奴隷」にしたということが定着していたから、その中であの発言があり、「性奴隷」だと言われれば、やはり人権問題に見えるわよ。

山本　で、非難は盛り上がった。『産經新聞』でさえ、その少し前に「風俗業を活用してほしい」と述べたのは不適切だった、と書いている。

「橋下発言と『従軍慰安婦』問題の本質」国民集会の様子

杉田　確かに不適切ですが。七月二十一日に行われる参議院選挙への悪影響も恐れられた。

「慰安婦の真実国民運動」に結集する

山本　その激しい、バッシングにまず教科書問題を解決しようとしている「新しい歴史教科書をつくる会」が立ち上がった。橋下徹大阪市長の発言は平成二十五年の五月十三日だけど、「つくる会」は早くも五月二十八日「橋下発言と『従軍慰安婦』問題の本質——政府は速やかに『河野談話』を撤回せよ」という緊急国民集会を開きましたね。

そしてリレー・トークをしたの。私も登壇したわ。

杉田　このとき、私は呼ばれていなかった。

山本　国会議員は呼ばれていなかった。呼ばれて登壇したのは、家村和幸、石塚和子・井尻千男・一色正春・伊藤玲子・潮匡人・大高未貴・黄文雄・古賀俊昭・佐波優子・舘雅子・田母神俊雄・西村幸祐・藤岡信勝・松木國俊・三輪和雄・村田春樹・室谷克実・茂木弘道・山際澄夫・そして私山本優美子ね（敬称略）。

杉田　それから、「慰安婦の真実国民運動」が結成されるんでしょう？

山本　そう。「つくる会」が呼びかけて、この運動団体が、七月二十九日、外交評論家の加瀬英明氏を代表として、松木國俊氏を代表幹事として発足した。

結成当時に加盟したのは、新しい歴史教科書をつくる会、調布日本会議、史実を世界に発信する会、英霊の名誉を守り顕彰する会、正しい歴史を伝える会、そよ風、花時計、誇りある日本の会、捏造慰安婦問題を糾す会、なでしこアクション、論破プロジェクト、日本時事評論、生き証人プロジェクト、テキサス親爺日本事務局、調布『史』の会、日本近現代史研究会、アジア自由民主連帯協議会、南京の真実国民運動、それに個人の資格で参加している人が多くいる。

杉田　私が「慰安婦の真実国民運動」で偉大だと思うのは、次の年の平成二十六年七月に、先ほども出たように、ジュネーブの自由権規約委員会に出かけたことね。山本さんはそのとき団長を務めたのね。

山本　そう。調査団団長は私、事務局長は細谷清。そして関野通夫、エドワード博美、仙波晃が参加しました（敬称略）。その他に「歴史の真実を求める世界連合」（ＧＡＨＴ）の目良浩一ご夫妻、トニー・マラーノ、藤木俊一、藤井実彦、それにスイス在住の大坪明子さん。

杉田　「このときの、国連人権理事会の自由権規約委員会に出かけた様子は、藤岡信勝さんがまとめた『国連が世界に広めた「慰安婦＝性奴隷」の嘘―ジュネーブ国連派遣団報告』（自由社　二〇一六年）に詳しく出ているわね。だからぜひとも読んでほしい。

山本　そう。七月十四日、現地で記者会見をした。

杉田　山本さんが団長で、七月十五日と十六日の自由権規約委員会のセッションに参加する前日だった。この時の団長としての山本さんの発言は、やはりこの藤岡さんのまとめた本に収録されている。

調査団のメンバー。国連へ行くためにバスを待つ

山本　この時の調査団は、七月十四日の公式ブリーフィングで、会場から強制排除させられたことも、この本に詳しく出ている。左翼の牙城に私たち保守の陣営がいきなり迫ったんだから、左翼の根回しでこういうことはありうる。後から考えてそう思ったわ。でも、本当にひどかった。

杉田　この調査団訪問の時の、委員会での政府側の発言も取り上げておかなければならないわね。七月十五日、日本政府が慰安婦問題で回答したんですが、このとき、政府側の山中修外務省人権人道課長は、十四日に委員会から出された事前質問に対して、「質問の中に『性奴隷』との不適切な表現がある」とはっきり述べたんですよね。

山本　会場から拍手が起こりました。このことも、この本に詳しく書いてあります。

慰安婦問題は解決方向に向かって動き出した

この第一次派遣団（調査団）は、簡単に言えば、見学だけだったわけで、平成二十七年になってからは、七月には岡野俊昭幹事長を団長として女子差別撤廃委員会プレセッションに出かけ、これは後程詳しく述べたいのですが、杉田さんとも一緒に参加し、私とともに発言しましたね。日本政府が、慰安婦は「性奴隷」ではないとはっきり回答せざるをえないきっかけを作った。

杉田 山本さんが理事をしている目良浩一さんの「歴史の真実を求める世界連合会」（The Global Alliance for Historical Truth、略称ＧＡＨＴ）の活動も素晴らしかった。二〇一四年（平成二十六年）設立ね。これも後で詳しく述べるとして、今年（平成二十九年）二月、ＧＡＨＴの起こしたグレンデール市の慰安婦像の訴訟で日本政府から米国連邦最高裁判所に意見書を出させた。

山本 政府や外務省が動き出したということね。

杉田 そう。それでね、話は変わりますが、ここで橋下さんが石原慎太郎さんと共同代表をしていた日本維新の会の議員の活躍の話をさせてください。

山本　後の「次世代の党」、いまは「日本のこころ」と言っている党に属していた人たちの国会での発言は、私のように在野の人間に大変心強く思えた。

この議員団の活躍は後で詳しく言っていただくとして、どうして、あれほど活躍していた日本維新の会が分かれて「次世代の党」になり、その直後に衆議院解散があり、「次世代の党」は壊滅的打撃を受け、杉田さんも、杉田先生と呼ぶべきかな、ともかく杉田さんも落選した。

杉田　私たちの国会での質疑は後ほど第四章で述べるとして、日本維新の会にいた当時から私たちはこの問題に力を入れていました。平成二十六年二月には、石原信雄元官房副長官の参考人を成功させた。それに同じ年の五月二十八日には、予算委員会で「河野談話」の作成過程を検証すると言わしめた。そして六月二十日に検証発表となった。

山本　そしてついにこの年の八月五日と六日、『朝日新聞』が吉田清治の慰安婦狩りの記事を取り下げた。昭和五十七年『朝日新聞』がこの嘘の体験記を三十二年経って嘘だったことを認めた。素晴らしい変化よね。『朝日新聞』も追いつめられたわけね。

杉田　グレンデールの慰安婦像の訴訟は、アメリカの連邦最高裁判所で今年（平成二十九年）の三月二十七日、最終的に請願が却下されて、慰安婦に関する正しい史実を普及するにはまだまだ先の話だけど、しかしよくここまで反撃できた。私は思うの、平成二十五年の橋下さんの発言はさんざん叩かれたけれど、保守が、正義派が立ち上がり、反撃するきっかけになった。そして「慰安婦の真実国民運動」ができて、各団体が連合して闘うようになった。そして『朝日新聞』も嘘を認めざるをえなくなった。だからね、橋下発言の当時『朝日新聞』は軽蔑した口調で批判していたけれど、結局『朝日新聞』はこの発言によって追い詰められたわけね。その推移の中で、やはり言いたいんだけど、女の闘いが輝いていたと思うの。

第二章　国連での私たちの発言

二分間スピーチの快挙

杉田 慰安婦問題で、私たちを含めて保守の人たちが国連に出かけるようになって、ずいぶん打開に向けて進んだと言えるわよね。

山本 そう、国連のことは後で何度も出てくることになると思うけれど、私たちが行くまで、左翼の人たちの独壇場だったものね。

杉田 そこに私たちが出かけていって意見を言うようになって、政府も変わりつつありますよね。

そこで、慰安婦問題で私たちのやってきたことを理解してもらうために、手っ取り早く、私たちの快挙と言ってもよい、あの二分間スピーチの件に触れておきたいと思います。手前味噌だけど、あの二分間スピーチによって、日本政府が動き出したと言ってもよいんじゃないかな？

山本 正確に言うと、私たちの二分間スピーチより、ほんの少し前から、日本政府、外務省の対応は変わりつつあったと言えるんだけど。つまり、私たちがジュネーブの国連女子差別撤廃委員会に出かけたのが平成二十七年七月。その一年前の平成二十六年八月五日、六日に『朝日

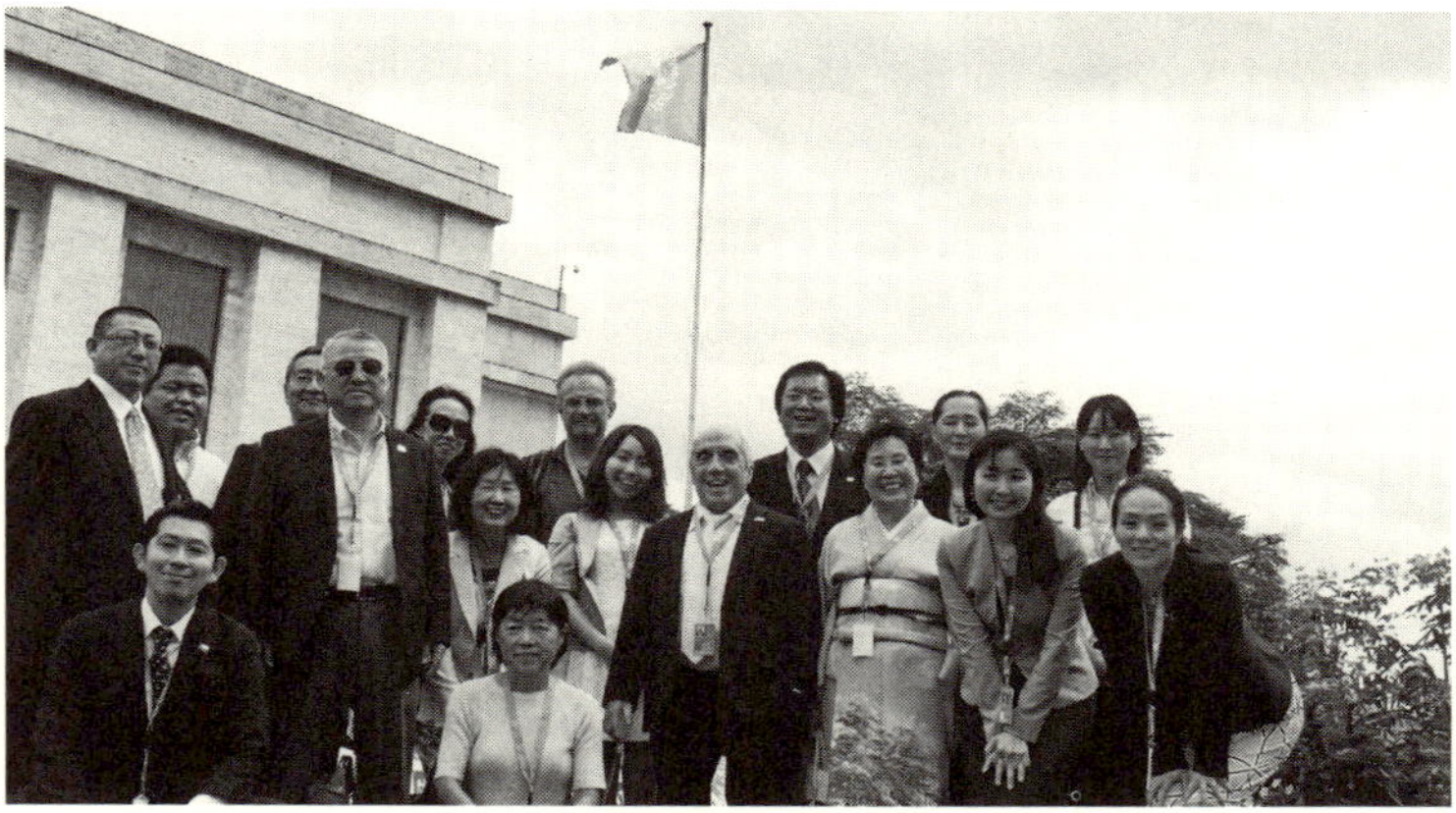

第二次派遣。団の二〇人のメンバー

新聞』が三十二年ぶりに、吉田清治の慰安婦狩り、つまり強制連行をしたという記事を間違っていたと取り消した。その少し前の七月十五日、日本政府は、国連自由権規約委員会では「慰安婦は性奴隷ではない」と明言していた。それまでは。慰安婦問題は外交問題ではないと言って、いっさい抗弁しなかったのに。

そのような状況のところで平成二十七年私たちの二分間スピーチがあった。確かに私たちのスピーチで、日本政府が慰安婦についてきちんと回答しなければならない立場に立ったのだから……。

だから、私たちも、自慢してよいのよね。慰安婦問題を扱う機関は、ジュネーブの女子差別撤廃委員会ばかりではないのだけれど、私たちが出かけて行ったのは、そこ。その会期前作業部会（プレセッション）に参加した。

「慰安婦の真実国民運動」のことは後で詳しく触

慰安婦問題に関する国連の組織図

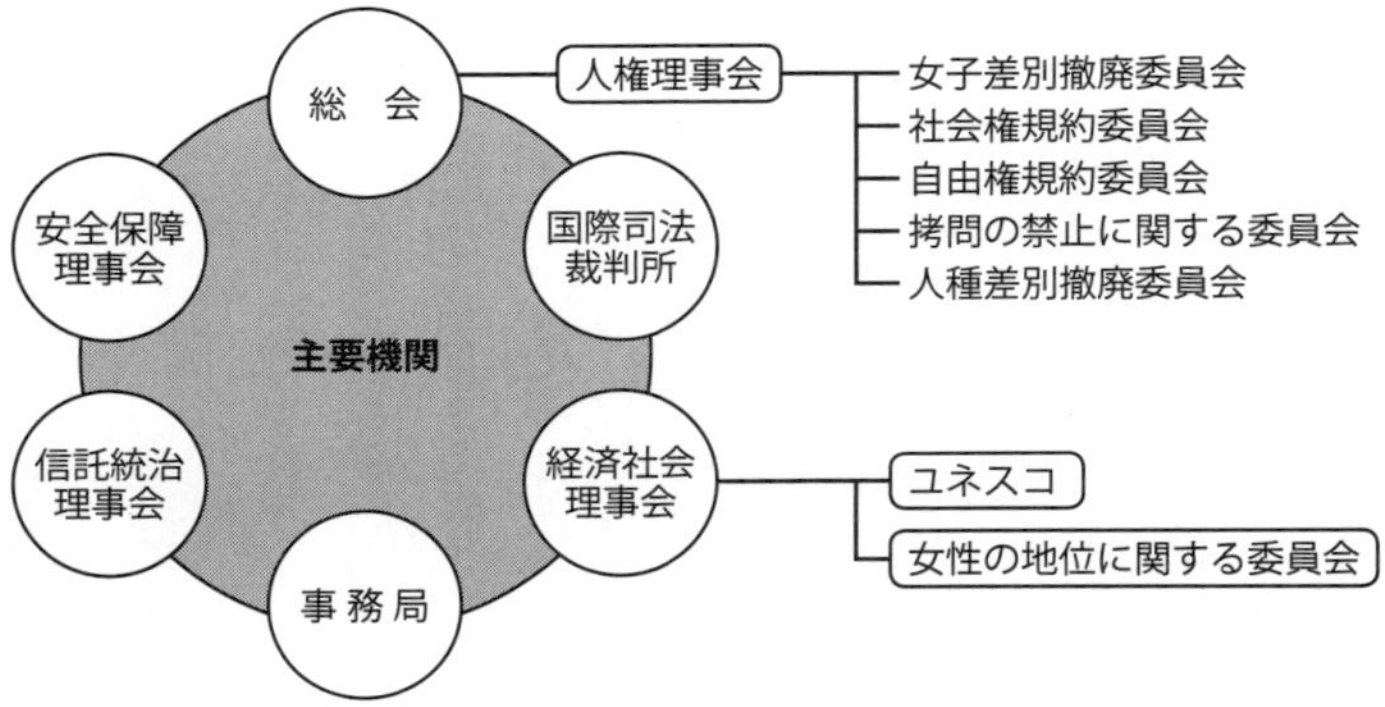

れるとして、私たちはその国民派遣団二〇名で行った。団長は「国民運動幹事長」に就任した岡野俊昭さん。

杉田　この第二次派遣団のことも、前章で紹介した藤岡さんのまとめた本で、藤木俊一さんが詳しく紹介しているけれど、第二次派遣団が行ったのは女子差別撤廃委員会。やはり総会に基づく人権理事会の下にあるいろいろな人権関連委員会の一つ。第一次派遣団が平成二十六年に行った自由権規約委員会と同じレベルの委員会。慰安婦問題はこの人権理事会の下で、「女子差別撤廃委員会」「社会権規約委員会」「自由権規約委員会」「拷問の禁止に関する委員会」「人種差別撤廃委員会」などで審査される。

それで第二次派遣団は、女子差別撤廃委員会に行くことになったのね。

山本　分かりやすく、簡単に図を示しておくね。

杉田　私はこの第二次派遣団の一員ではないけど、現地で合流して共同で行動したのね。平成二十七年七月二十五日深夜、関西空港を飛び立った。エミレーツ航空、ドバイ経由、十数時間の長旅だった。

二分間スピーチというのは、この女子差別委員会の委員の前で、慰安婦に関して意見表明をすること。時間は山本さんもそうだけど、わずか一人二分。私はフランス語で話すことにしていました。だから出発前フランス語の先生と一緒に、辞書を引きながら原稿を書き上げました。「慰安婦」とか「強制連行」など、日常会話に出てくる話題ではないでしょう。それなりに苦労しました。

ジュネーブに着いたのは二十六日の昼前。自力で空港からホテルに行き、チェックインして、その日の十五時、現地で世話をしてくださるジュネーブ在住の有村さくらさんに会いました。そして準備していた原稿を読んでもらうと、「現地の外国人に分かる表現に変えましょう」と言われ、もう一度最初から書き直したのです。大変でした。そして有村さんから発音の特訓です。こと私ながら、よく頑張りました。

そして夜九時、睡魔が襲ってきて、ジュネーブについてから何も食べていないのに眠ってしまいました。

目が覚めたのは現地時間午前三時、それからまたフランス語のスピーチの練習。派遣団の皆さんとの合流は午前七時。歩いて十分ほどの別のホテル。それから全員、路面電車に乗って約十分で、ジュネーブの国連本部。

山本さんは、私とここで合流するまでどうだんたんですか?

山本　私は平成二十六年七月に、「慰安婦の真実国民運動」の国連派遣団の団長として、ジュネーブに行きました。この時は、女子差別撤廃委員会ではなく、自由権規約委員会だけど、ともかく国連はどんなところか、現場を見てこようということだった。そこで左の人をいっぱい見ました。慰安婦を「性奴隷」と命名した戸塚悦朗氏も見ました。

それでこの年の末に女子差別撤廃委員会の対日審査会のスケジュールが発表され、平成二十七年七月にそのプレセッションが開かれることが明らかとなりました。私はそのプレセッションに向けて、NGO「なでしこアクション」として六月五日に意見レポート「慰安婦問題—戦時中日本軍に性を売るために商業的に雇用された韓国民族を含む女性たち」を提出し、レポートはその後女子差別撤廃委員会の公式サイトに載りました。

この時はプレセッションだけでなく、ジュネーブ滞在中の国連内外での様々な予定と、その後パリに移動してからのユネスコ本部訪問まで、全ての企画を準備しました。自分の原稿やプレゼンもあったので、準備が山のようにありました。出発の前日は日付が変わってもパソコン

国連女子差別撤廃委員会で発言する杉田水脈（中央）、山本優美子（右）

にかじりついて連絡をとったり、資料をプリントしたり。機内持ち込み用の鞄も資料がどっさりで、重くて重くて、力には自信のある私も座席上の荷物入れに入れるのが大変でした。行き帰りは気楽に一人旅でしたので、機内で寝たときだけほっとしました。

ジュネーブでは初日の集合時間場所だけ決めて、各自それぞれ日本を発って現地入りしましたね。朝の集合時間に来ない人を慌てて別のホテルに迎えに行ったりもしました。国連の入館にあたってもいろいろトラブルがあって職員を説得したり。滞在中も時間があればパソコンで資料を纏めたり、あちらこちらと連絡を取ったり……。ビジネスマンの海外出張って、こんな感じなのかなと思いました。観光は一切できず、食事もスーパーで買ってきたクラッカーとジュースで仕事しながら部屋ですませたことが何度もありました。でも、今から思えば観光旅行ではできない貴重な体験でした。

二分スピーチで何を言ったか

杉田　プレセッションでのスピーチは、いきなり初日の十一時三十分。会場は動画、写真など撮影はいっさい禁止でしたよね。

意見を聴く女子差別撤廃委員会の委員は七人。公正を期すため、日本語の委員は除外される。短い時間だったので、作戦として「慰安婦の強制連行はなかった」に的を絞りました。それは次の発言です。

杉田水脈　私の名前は杉田水脈です。日本の前衆議院議員です。

今日は、私が考える慰安婦問題のポイントを皆さんと共有したいと思います。

日本の慰安婦問題の論点は、日本の軍隊が女性たちを強制的に慰安所に連行したかどうかです。

私は、外国で言われているような「日本の軍隊が力づくで女性たちを動員し、性奴隷にした」という歴史的な証拠は日本でいくら探しても見つからないことをここで確認しておきます。

「女性たちを駆り出して連行した」という話は吉田清治という作家のでっち上げが基となっています。

日本の有力紙、世界的にも有名な朝日新聞はこの作り話を歴史的な証拠として三二年間の長きに渡り、国際的に日本の名誉を貶める報道をし続けました。

しかしながら二〇一四年八月五日、朝日新聞が紙上で慰安婦問題のこれまでの報道の検証を行い、吉田の証言が全くの虚偽であったことを認め、それを記事として周知しました。

しかし、現在、まだまだ世界中で、日本は女性を性奴隷にしたと思われており、それはナチスドイツのホロコーストに匹敵する重大な犯罪だと宣伝されています。

これは全く事実無根であることを私は大きな声で断言します。

山本さんのは？

山本　私のは次のものです。

山本優美子　現在論争となっている慰安婦について、多くの日本女性の考えていることを本日述べさせていただきます。日本の戦争関係の請求・賠償は国際条約で解決済みです。それにも関わらず、未だに人権関連委員会の多くは日本に謝罪と賠償を求めています。これが、日本の名誉を傷つける政治的キャンペーンに繋がり、日本人に対する人権侵害が起こっています。例を挙げると、米国では、慰安婦像や記念碑が立ち、そこには「慰安婦は、日本軍に拉致され性奴隷にされた20万の女性少女である」と刻まれています。こういった場所は反日活動の拠点となり、日本人の子供達のいじめにつながり、地域の調和と平和に影響が出ています。米国、カナダ、豪州では、現地の日本人が強く反対しているのにも関わらず、更なる慰安婦像が計画されています。今現在、慰安婦問題は、女性の人権問題としてではなく、海外の日本人を非難する政治的キャンペーンとして利用されています。少女人身売買、貧困による強制売春、テロリストによる性奴隷など、もっと深刻な人権侵害が沢山あります。そうして、日本女性は、皆さんに検証された事実に基づいて慰安婦問題を見ていただきたい。私達これからは、現在起こっている女性の人権侵害問題の解決に向けて努力すべきだと考えます。

それで、NGO全体の発言が終わったあと、委員からの質問があり、女性の委員がこう訊いてきましたよね。

「慰安婦は『日本の兵隊に対する強制的な売春ではなかった』ということですが、これはいままで私たちがグローバルメディアで得てきた情報とは違う。どういう根拠やリサーチがあって言っているのか、もう少し詳しく教えてほしい」。

それに続いて、女性の議長からも質問がありました。別のNGOが慰安婦問題について「強制連行」だったという立場から発言していたことを受けて、「慰安婦問題について、強制連行だったかどうかの二つの違う意見が出た。どのようなリサーチが行われたのか、両サイドから教えて下さい」と。非常に公正な印象を受けました。

杉田　要するに国連からの勧告は、国連の委員が偏っているんではなく、委員に正しい情報が伝わっていなかったからという印象ね。

私は必ずしも英語が強いわけではなく、英語で質問されたとき、すぐに英語で答えられなかったけれど、派遣団でごいっしょの「テキサス親父」ことトニー・マラーノさんがさっと助け船を出してくれて、非常にうまく答えてくださいました。

一九四四年、アメリカ軍がビルマの慰安所で聞き取り調査をした際のレポート内容を紹介し、給料をもらって裕福だったこと、買い物や運動会を楽しむ余裕があったこと。山本さんからも「性奴隷ではない」という話をしてもらい、かなり強く印象づけることができたのではないかと思う。

山本　会議の最後に委員にどうしても言いたかったことを発言しました。「あなた方のこれまでの情報はワンサイド、一方的なものです。どうか私の出したレポートを読んでください。」委員会の方々に「いままで言われていたことと違う情報がある」と認識してもらえたのは大きな前進でした。

杉田　ジュネーブの国連では、「慰安婦の真実国民運動」の活動がまだいろいろあるんだけど、それは飛ばして言うと、私たちが帰国したのは七月三十日。女子差別撤廃委員会は早くもプレセッションもまとめを行い、日本政府に対し、質問書（List of issue）を提出しましたね。その中で今までなかった新たな質問が加わりました。

日本政府に対する質問書

委員会は最近の公式声明から「慰安婦の強制連行を証明するものはなかった」との報告を受けた。これについて（日本政府の）見解を述べよ。

プレセッションでの我々の発言が影響したのは明らかですね。この質問に対し、日本政府は翌年平成二十八年（二〇一六年）二月に行われる本セッションに向けて回答を用意しなければならなくなった。

日本政府が「慰安婦の強制連行を示す証拠はなかった」と回答すれば、世界中に誤った認識が公式には否定されたことになる。第二次安倍内閣においては、「慰安婦の強制連行を示す証拠はなかった」と閣議決定をしています。また安倍首相は戦後七十年談話の中で「私たちの子供や孫、そしてその先の世界の子供たちに、謝罪を続ける宿命を負わせてはなりません」と述べましたよね。
しかし、私たちが行くまで政府は、女子差別撤廃委員会を始めとする国連委員会からきた質問に対し、次のように答えていた。

外務省　多くの方々、とりわけアジア諸国の方々に対して多大な損害と苦痛を与えた。日本政府はこういった歴史の事実を謙虚に受け止めて、痛切な反省と心からのお詫びの気持ちを随時表明するとともに、哀悼の意を繰り返し表明してきました。

外務省　元慰安婦の方々には（アジア女性基金で）一人二百万円ずつの償い金をお渡ししています。

だから、慰安婦は強制連行したものではないということを言うのは簡単なことではない。

山本　それに、日本政府は報告書作成時に男女共同参画会議監視専門委員会による監視を受けています。この調査会が行う有識者ヒアリングでは、国連の女子差別撤廃委員会に出席していたNGOから何人か招かれます。
このようなことを勘案すると、毅然と強制連行を否定する見解を発表することは簡単ではないですよね。

そこで私たちは、政府の要人を訪ね、今回の国連女子差別撤廃委員会での意見発表、その後の委員会からの質問について説明して廻りました。限られた時間でしたが、この件についてご理解いただき、委員会に対する最終見解は外務省ではなく、政府が責任を持って作成するとのお約束をいただきました。

その後、官邸を通してご紹介いただいた外務省の担当者にも直接説明に伺った。だけど、この時点では「趣旨は理解したが、我々は多方面の方々からの意見を聞かなければならない」という想定通りの回答しかいただけなかった。

人権理事会での悪戦苦闘

杉田　九月八日、都内で国連報告会が行われましたね。その席で、国連人権理事会で発言する翁長雄志沖縄県知事に対抗して、沖縄の真実を訴えるためにジュネーブを目指す方々の決意表明がありました。

この訪問団とは別に、人権理事会で慰安婦問題を訴えるため、私も別日程で国連に行くことが決定しました。この時点では、私が九月に一人でジュネーブに行き、発言する予定となりました。

その後は人権理事会に参加するメンバーでメーリングリストを作成し、情報のやり取りを行いました。が、出発の時期を迎えても段取りをすることになっているNGOから詳細が示されず、かなり不安が募りました。

そんな中、韓国挺身隊問題対策協議会が、九十歳の元慰安婦とともに十八泊十九日でヨーロッパを廻り、慰安婦問題を訴え、月末はジュネーブの国連に来ることも予想されるというニュースが入りました。このことをメーリングリストに挙げたところ、七月にジュネーブにいっしょに行ったテキサス親爺事務局の藤木さんが「用心棒」を兼ねて、一緒に行ってくださることになりました。

九月二十八日、飛行機のトラブルもあり、予定より三時間遅れてジュネーブに到着。翌朝、さっそく国連に行き、私の発言がどのアイテム（時間割に設定されているテーマ）で発言することになっているのか確認しました。

私が割り当てられていたのはスリランカの人権問題を議論するアイテムでした。枠を取ってくれたNGOの責任者からは「スリランカは貧しい国なので、そんなにたくさん発表者が来られない。きっと時間が余るからその時間で発表すればいい」、「事務局に提出した内容と違うことを話しても大丈夫だから、うまくやれば慰安婦問題について発言できるはず」という内容の説明を受けていました。

だけど、本当にこのアイテムで慰安婦問題について発言してもいいのかと不安になりました。関係のない国のアイテムで発言するのはいかがなものかと半信半疑で、日本から用意してきた原稿を事務局に提出したら、案の定、「この内容はここでは発言できません」という回答が返ってきました。それはそうよね。慰安婦はスリランカとはまったく関係ない、万事休す。今回は発言できない。何しにここまで来たのだろう。ものすごく虚無感が襲って来た。

山本　大変でしたね。

杉田　その時に、あることが閃いたの。

「クマラスワミ報告書のクマラスワミさんって、スリランカ人ですよね？」

河野談話の検証や朝日新聞の訂正記事を踏まえて、日本政府は平成二十七年（二〇一五年）、クマラスワミ氏に報告書の訂正を求めましたが、彼女はそれに応じていません。そのことを発言するのはどうだろうかと思ったの。

そこからホテルに戻り、日本語で一から原稿を書きました。それを藤木さんと前回もお手伝いいただいた現地在住の有村さくらさんが英語に訳します。発言時間は前回と同じ二分。英語の原稿をこの二分以内にまとめるのに時間を要し、発表原稿ができ上がったのは夜中の二時を回った頃でした。

翌朝、書き上げた原稿を事務局に提出。「この内容ならＯＫ」と、すんなり受け取っていただいた。その点では国連は公正なのね。

ここからは英語との戦い。前述の二人から厳しい特訓を受けました。本来三十日の午後三時からのアイテムでの発言が予定されていましたが、前のディスカッションが伸びたようで、翌日の午前十時からのセッションに持ち越されました。その日の夜は食事の時間もそこそこにスピーチのレッスンが続きました。

翌朝、会場に発表者が張り出されます。私の順番は五十三人目でした。順番が回ってくるまで原稿の最終チェック。緊張しながら出番を待ちました。

午前十一時四十分。自分の番となりました。私が話し始めた途端、会場の空気が少し変わったのを感じました。何やらざわざわし始めたのです。そのざわざわの原因は何かわかりません。スリランカにとっては突飛なテーマだから「なんて話をしているのだ」「なぜここでそんな話をしているのだ」という意味だったのかもしれません。今もってよく分かりません。

山本　発言を紹介してください。

杉田　では発言内容を紹介します。

杉田水脈　副議長、ありがとうございます。

国連人権理事会における、いわゆるクマラスワミ報告書に「慰安婦は性奴隷だ」と宣言されています。

この報告書は、主に二つの情報源により結論づけられました。一つ目は元慰安婦たちの証言、二つ目は、慰安婦の強制動員に関わったとする吉田清治の証言です。何人もの元慰安婦たちが、ソウル大学のアン・ビョン・ジック教授やサンフランシスコ州立大学のサラ・ソウ教授に対して、国連のクマラスワミ特別調査官に虚偽の証言をしたと証言しています。北朝鮮の影響を受けている挺身隊問題対策協議会は、これらの慰安婦たちを（ナヌムの）家に軟禁し、日本軍に誘拐されたと告白するように訓練しました。

クマラスワミ女史の結論づけの二つの論拠は、吉田清治の本『私の戦争犯罪』で、後に吉田氏は、たくさん売るために捏造した事を認めています。しかしながら、それらは『朝日新聞』などにより史実として、三十二年間拡散されました。しかし『朝日新聞』は昨年八月にそれらの記事は間違いであったことを認めて、撤回する記事を出し、謝罪しました。

日本政府は、「慰安婦が強制動員された証拠がない」ことを閣議決定しました。更に米陸軍が一九四四年に作成した報告書には「慰安婦は高給取りの売春婦」だと書かれており、自由を束縛された「性奴隷」ではないことが記されています。朝鮮人たちや中国人たちは、国連の報告書などを根拠に慰安婦像や碑を建てています。それらの街では、日本人の子供たちへのイジメが報告されています。このような人権侵害を見過ごすわけにはいきません。

我々は、クマラスワミ報告書を撤回し、政治運動により被害を受けている被害者たちの人権を考慮していただきたい。

副議長、我々は、国連とスリランカ政府に対し、先入観を排除し、史実に基づいた更なる調査を促します。我々は、貴方がたの調査に協力する準備があります。

山本 発表したら、反響があったんでしょう?

杉田 そう。発言が終わり、地下のカフェでコーヒーを飲んでいる私たちに一人の記者が話しかけてきました。

「スピーチ、聞きました。もう少し詳しくこの問題について教えてほしい」と。

彼はバローチスタン人で、国連に詰めている記者さんでした。「中国は嫌い」と笑顔で語る彼といくつかやり取りをし、名刺交換して別れました。

後日、彼から事務所に電話とメールで連絡がありました。

「記事にしたいので、原稿を送ってほしい。それからクマラスワミ報告書について知りたい」という内容でした。私は発言した原稿とクマラスワミ報告書についてのURLを彼に送りました。

彼は「ボラン・タイムズ・インターナショナル」という海外メディアでこのことを取り上げてくれました。

山本　その後、さらに反響が出たんでしょう？

杉田　はい。彼からテキサス親父事務局の藤木さんに連絡があり、新たな展開が生まれたの。「記事はとても好評でとてもたくさんのアクセスがある。特にアメリカと韓国からのアクセスが多い。反応を見ていて、あなた方が主張していることが真実であると確信した。来年三月、国連で各国の記者を集めてシンポジウムを開くので、この話をしに来ないか？」

嬉しかったわ。私たちは真実を訴えています。筋を通していけばこういった新たな道が拓けます。これからもブレずにこの問題に取り組んでいきたいと思っています。

平成二十八年二月十六日のいわゆる杉山審議官の回答は、平成二十七年十二月二十八日の「最終的かつ不可逆的に解決されることを確認」という、いわゆる日韓合意の影響も大きいのだけど、いわゆる二分間スピーチで女子差別撤廃委員会より日本政府が慰安婦は性奴隷かについて、回答するよう迫られたことが最も大きな契機です。

だから、杉山晋輔審議官（当時）の慰安婦に関する回答の件については、ここで話し合っておきましょう。

外務省が動いた

山本　そうね。ジュネーブの女子差別撤廃委員会で平成二十八年（二〇一六年）二月の十六日、その日がやってきたのね。

先ほど言ったように、この委員会は「『慰安婦の強制連行を証明するものはなかった』との報告を受けた。見解を述べよ」との質問書を出しました。

この委員会をはじめ国連の各委員会はこれまで偏った情報のもとに、繰り返し「慰安婦は性奴隷」といった虚構に基づいて日本政府を批判し、さまざまな要求を突きつけてきていました。しかし、わが国外務省は、「強制連行は確認されていない」という事実に基づく反論はしてこなかった。代わりに、「(元慰安婦の女性たちに) 哀悼の意を表明してきた」とか、「アジア女性基金（AWF）を設立し、償い金をお渡しした」といった言葉を繰り返し、その場しのぎの謝罪で逃げてばかりいた。

そもそも「性奴隷」なる悪質なレッテルが世界中に広まったのも、振り返って見れば平成八年（一九九六年）国連人権委員会にクマラスワミ報告が提出され、それを日本政府が否定しなかったからよ。外務省はこのとき、同報告書の内容を「極めて不当」「歴史の歪曲に等しい」「受け入れる余地は全くない」ときっぱりと否定する反論書を一旦は提出しながら、なぜか撤回したのよ。日本がこれだけないことを言われて、そして一旦は反論書を提出しながら、引っ込めた。

この平成二十八年の女子差別撤廃委員会の第六三回セッション（本セッション）で、日本についての検討会が開催されたのは、二月十六日ですが、その前日の十五日、ワーキング・ミーティングと称する会合が開かれた。これは、各国政府の回答書に関して民間団体（ＮＧＯ）が委員に意見を述べる場です。委員はＮＧＯの意見を参考に、翌日、日本政府代表団に質問と聞き取りを行うわけね。

杉田　私と山本さんは、このワーキング・ミーティングでそれぞれ一分間の発言時間を与えられた。二人は英語で発言した。日本からはＮＧＯの八団体が参加していて、規模の大きい団体の発言者には四〜五分間の発言時間が与えられた。会場には多くの日本人が詰めかけ、入りきれない人もいました。私の発言は以下の通りです。

杉田水脈　日本政府は「日本政府が発見した資料の中には、軍や官憲によるいわゆる『強制連行』は確認できなかった」と（女子差別撤廃委員会の質問書に）回答しました。一方クマラスワミ報告には「二〇万の韓国女性が強制的に性奴隷にされた」と書いてあります。よって、委員会は日本政府に、この明らかな矛盾について明確にするように質問してください。

山本　私は次のように発言しました。

山本優美子　二〇一四年の自由権規約委員会一一一セッションで、日本政府は「(慰安婦は) 性奴隷との表現は不適切」と表明しました。よって、委員会は戦時中に日本軍・政府が韓国の若い女性を性奴隷化したかどうか明確にするよう、日本政府に質問してください。第二に昨年、日韓合意で、日本は「心からのお詫び」を表明しました。よって委員会は「お詫び」の意味、つまり「当時の軍の関与」とは正確に何であったのかを日本政府に確認してください。

もし、このように質問してくれれば、日本政府はどう答えるか。この問題の真実をしっかりと訴えるかどうか。期待が高まりましたよね。

杉田　二月十六日、本セッション。日本政府からは六省庁 (外務省、内閣府、法務省、厚生労働省、文部科学省、警察庁) の職員による大型な代表団だった。冒頭、約二十分にわたり日本政府代表団団長である杉山晋輔外務審議官より概要説明が行われた。だけどこの中で慰安婦問題については、「日本は女子差別撤廃条約に、一九八五年に締結した。従って一九八五年以前に起こっている慰安婦問題を取り上げることは適切ではない」と、短く触れただけでした。

この発言を聞いたとき、正直私は不安になりました。慰安婦問題はこの一言で終わってしまうのではないか、そして私たちは永久に国際社会における発言の場を失うことになるのではないか、と。

山本　私もそう思った。しかしこの心配は杞憂でした。オーストリアの女性のホッフマイスター委員が慰安婦問題について質問してくれました。

ホッフマイスター委員　慰安婦問題は人権違反である。被害者は未だ納得していない。二国間の合意が昨年（二〇一五年）の十二月になされたが、どのように実行するつもりなのか。また、日本政府は中国やフィリピンなどの他の国の被害者にはどうするつもりなのか。被害者への補償や加害者の訴追や日本の軍当局の責任追及はどうするのか。日本の歴史教科書の改訂はするつもりがあるのか。被害者への賠償や精神的なリハビリを行う用意があるのかと。

杉田　この質問に対し、杉山晋輔外務審議官が次のように、はっきりと日本の真実を答弁されたんですね。

その前に平成二十七年十二月二十八日の日韓合意について言っておくわね。日韓合意は、合意文書はないままに、日韓の間で、合意がなされ、慰安婦問題について「最終的、不可逆的に解決されることを確認」、日本が元慰安婦に約一〇億円拠出することや、国連などで互いに非難、批判することは控えると約束した。

日本の国内では、日本側の主張が通らないままに、非難、批判は止め、一〇億拠出するとは筋が通らない、という非難がごうごうと起こる。

実は、日本政府が十一月までに完成して女子差別撤廃委員会に提出したと思っていた政府の回答は、予定通りに提出されていなかった。年が明けての平成二十八年になってもなかなか国連のホームページに掲載されず、やっと報告書が提出されたのは一月二十九日でした。その中でも慰安婦については当初予定の内容よりかなり簡単な内容になってしまっていた。私はかなり落胆したけど、これが日韓合意に関係していたのね。

はっきりと答弁する杉山晋輔審議官

山本　この日韓合意は、日韓の間だけでなされたのではなく、アメリカのオバマ政権の勧告もあったでしょうね。日韓という近しくあるべき国が、慰安婦問題でいがみあうことは、アメリカにとってよいことではないですからね。アメリカとしては慰安婦問題はよく分からないけれど、中国・北朝鮮の軍事的脅威もあって安全保障上ともかく早く解決してくれと。

その圧力のもと、安倍内閣としてもやむをえなかった。それで平成二十八年二月十六日、杉山審議官がリリアン・ホッフマイスター委員の質問に答える形で言ったのが次の発言。

杉山晋輔審議官　政府は歴史問題が政治外交問題化された一九九〇年以降、強制連行の有無についての調査を行ったが、これを確認できるものはなかった。

これが広く流布された原因は、吉田清治氏（故人）が本の中で、済州島において自らが日本軍の命令で、大勢の女性狩りをしたという虚偽を述べたことによる。朝日新聞はこれを大きく報道し、国際社会に多大な影響を与えた。しかし、これは彼の完全な想像の産物である。朝日新聞はこの事実関係の誤りを認めた。

二〇万人という数字に裏付けは無い。二〇万人という数字の元は、朝日新聞が女子挺身隊と慰安婦を混同したことによる。女子挺身隊とは、労働提供であり性の相手ではない。

また、性奴隷という表現は事実に反する。

日韓合意で日本政府は今後、一〇億円を提供する。これで元慰安婦の心の傷をいやすための事業を行うことにしている。

他の国についても、サンフランシスコ講和条約や各々の二国間条約で個人の請求も含めて法的に解決済みである。

杉田　ここまではっきり言うとは、いささかびっくりした。と言うのも、十二月二十八日の日韓合意での岸田文雄外務大臣の記者会見は、「今後、国連等国際社会において、本問題について互いに非難・批判することは控える」とあったから、事実の指摘もしないで、事なかれに徹するのかと心配していた。

実はこの内容は、私たちに知らされていた外務省が昨年の十一月段階で、国連に提出しようとしていた原案とほぼ同じ内容です。ただし、クマラスワミ報告書の否定の文言がこの杉山審議官の発言では省かれていますね。

山本　この回答を聞いて、委員の皆さんは驚いたようでした。中国の女性委員鄒暁巧氏は慌てたように次の質問をしました。「日本政府の回答は矛盾している。歴史の事実に反する。慰安婦問題を否定しているのに、一方では日韓合意を認めている。もし、慰安婦問題がないのであれば、なぜ日韓合意をする必要があるのか」と。

杉田　この中国の委員は分かって言っているんだと思うけれど、建前上はもっともな質問。なぜって、日本政府は今まで一度も国際社会で反論も否定もせず謝罪を繰り返してきただけなのにいきなり、本当のことを言い出したのだから。鄒委員の質問に対して、杉山審議官は毅然とした態度で答えました。

「歴史の否定というご発言は事実に反する。強制は裏付けなし。軍の関与というのは、設置、移送、医療提供である。二〇万人は誤り。性奴隷も事実に反する。鄒委員のご意見は、いずれの点においても受け入れられない。事実に反することを発言していると言わざるをえない」。

「軍の関与」については、一月十八日の参議院予算委員会で安倍総理が答弁しましたが、その内容を用い、逆に委員を叱責したのね。

山本 遅きに失した感はありますが、この日の答弁だけを見ると満点に近いものだった。外務省もついに動き出した、と思った。

杉田 思い返すと、女子差別撤廃委員会への日本政府の回答については前の年の七月に女子差別撤廃委員会より質問を受けてから、二転三転、紆余曲折の経過がありました。

八月になって委員会から日本政府への質問書の存在を知った私たちは、官邸や外務省などへの取材を始めました。十一月には、日本政府の回答書に「朝鮮半島において慰安婦の強制連行を裏付ける証拠はなかった」とする政府の立場を盛り込む方針で調整されていると聞き、慰安婦の強制連行を明確に否定する回答書になるよう期待しました。

ところが、実はこのとき、回答書をめぐって、外務省内でかなり混乱があったようね。委員会への提出締め切りは十一月六日。十一月の初旬に確認すると、「十一月十三日(第二週の週末)までには提出する」との答えがありましたが、第三週になって再び尋ねると「官邸との調整が済んでいない。実は外務省から官邸にまだ提出できる状態ではない」と言われ、作業が遅れている印象で不安になりました。

その後、回答書作成の作業関係者から回答は概ね「期待通り」の内容になったと聞き、十一月末には女子差別撤廃委員会に提出されたとの情報を得て、安堵しました。

山本　だけど年の瀬も押し迫った十二月二十八日、慰安婦問題をめぐる日韓合意のニュースが飛び込んできた。これには驚いた。

杉田　その合意がなされたばかりというタイミングで、女子差別撤廃委員会での対日審査が開かれた。これまでなら「謝罪した」「賠償した」と言えば済んでいたのだけど、この時はそうはいきません。私たちのアピールの結果、「質問書」には「委員会は最近の公式声明から『慰安婦の強制連行を証明するものはなかった』との報告を受けた。これについて(日本政府)の見解を述べよ」とあったからですね。

「報告書」で「強制連行があった」と嘘をつくわけにはいかない。しかし一方で、「二〇万人」「強制連行」「性奴隷」を否定してしまうと、「日本が先に日韓合意を破った」と指摘される可能性があったのです。

そのような懸念が外務省を初め、日本政府を弱腰対応に駆り立てたのね。でも、「真実を発言する」ことは合意の「非難・批判」には当たらないと、世論も与党の政治家も口を揃えて言い出しました。が、その一方で、「いまは強く主張するタイミングではない」という見解もあったようね。

山本　そうした中で、二月十六日の杉山審議官のあの発言（回答）となる。

杉田　外務省として「二〇万人」「強制連行」「性奴隷」を積極的に否定するタイミングではない。しかし聞かれた以上は、真実を言わざるをえない。

ここでこれまでのように「謝罪した」とか「賠償した」と答えたのでは、日本に帰って、外務省がどれだけ叩かれることになるかもしれない。だから、真実を言うことは、合意に言う「非難・批判」には当たらない、と言う方が勝つことになる。

依然と不可解なその後の外務省の動き

山本　だから杉山審議官の発言後、日本では不可解なことが続きましたよね。岸田文雄外務大臣の記者会見です。岸田大臣は毎週火曜日に定例記者会見を開いており、その内容は外務省のホームページで見ることができますが、まず、女子差別撤廃委員会直後の二月二十三日の記者会見です。

産経新聞の田北真樹子記者は、「（杉山審議官が語った）内容を今後、政府として、いろいろな国際会議とか、そういう場で説明していくのか、また、外務省のホームページの、歴史問題Q＆Aというものがありますけれども、そういうところにでも掲載して周知していく考えはあるのでしょうか」と質問した。すると岸田大臣は以下のとおり答えた。

「従来から申し上げてきたことを改めて、質問を受けたので、発言したということでありますので、こうした立場、中身については、全く変化はありませんので、今後ともそういった内容については、変わりはないと考えております」

私たちは杉山審議官の発言を受けて、「日本政府がやっと反撃をしてくれた」と思ったのに、岸田大臣は、あくまでも質問があったから答えただけであり、日本政府の慰安婦問題に関する考え方は変わっていない、という見解を示したんです。

さらに「こうした立場、中身については全く変化はありません」という岸田大臣の発言のとおり、外務省のホームページの「歴史問題Q＆A」の欄にある「慰安婦問題に対して、日本政府はどのように考えていますか」という質問に対する回答を見ると、いまだに以下のような記述があります。

外務省

〈心からお詫びと反省の気持ちを申し上げてきました〉〈「償い金」の支給等を行うアジア女性基金の事業に対し、最大限の協力を行ってきました〉

杉山発言から約半年後の平成二十八年八月、私たちが騒いだからだけど、ようやく杉山審議官の発言概要のリンクが貼られたのだけど、とはいえ、「お詫び」が先に掲載されていることから、日本政府の姿勢は何も変わっていないということが窺えます。

杉田　でもね、委員会からの、委員会は「『慰安婦の強制連行を証明するものはなかった』との報告を受けた」とのことで、日本政府に回答を求めた。その質問に対して嘘を答えることはできない。そこで杉山審議官は、あのように明快な回答をした。

考えてみたら、私たちが、前の年の七月、二分間スピーチの発言がきっかけです。私たちの発言が外務省を動かした。日本政府を動かした。

山本　この時の女子差別撤廃委員会には日本の保守系ＮＧＯ八団体が慰安婦問題について性奴隷を否定する意見書を出しました。これまで左派ばかり意見を出してきたのに、これは凄いことなんですよ。すべて委員会の公式記録に残っています。こうした仲間の努力と功績も大きかったです。

第三章　動き出した日本政府と外務省

どこの国の外務省か

杉田　第三章「動き出した日本政府と外務省」に入りましょう。とても重要な章ですね。ありもしない慰安婦問題を創作して、世界中に非難を撒き散らしているとき、日本政府としてはそれを当然阻止しなければならない。それを具体的に取り行うとすれば、外交の問題よ。それなのに、日本政府は、つまり日本の外務省は、慰安婦問題を外交問題としないとかいって、長く何もしてこなかった。そのことが今日の事態を招いたと言えなくはない。

山本　「言えなくはない」ではなく「言える」でしょう。政府の外交を司る外務省が、外交問題にしないとして何もしなければ、世界から見れば、韓国の言う嘘は本当だということになるでしょう。嘘を言われているのに、それに抗議しないで黙っていれば、はたから見れば、その嘘を言っている人が本当のことを言っているように見えてくる。

民間で、韓国は嘘を言っていると反論しても、その非難は日本が国家として抗議しないのだから、極端に言えば、野次馬の怒声にしか聞こえない。

杉田　「新しい歴史教科書をつくる会」の前会長だった杉原誠四郎さんが面白いことを言っている。

慰安婦問題は、吉田清治氏の慰安婦狩りをしたという嘘の話を本当の話のように掲載して、三十二年間取り消さなかった『朝日新聞』が主犯だけれど、その三十二年間、外交問題にしないといって何もしなかった外務省は共同正犯だと。

山本 そう。何もしないで、嘘の慰安婦問題が拡大、発展するのに、ただじっと見ていただけなのだから。

杉田 いや、ただ見ていたわけではない。「河野談話」を出したり、平成七年の「女性のためのアジア平和国民基金」（アジア女性基金）の設立などは、むしろ慰安婦問題を育てたようなもの。だから、杉原さんの言うような外務省は慰安婦問題を育てた共同正犯なのよ。平成八年、嘘ばかり言っているクマラスワミ報告に反論する文書を、いったんは提出しながら撤回した。考えられないことね。

山本 「強制連行」など、ないものはないとなぜはっきり言わないのだろう。平成四年、吉見義明氏が、慰安所に軍が関与していたとき、その関与がどういうような関与だったかを確かめず、時の首相、宮沢喜一首相に韓国で八回も謝らせた。これも結局は、外務省の教唆に従ったからでしょう。

杉田　私は思うの、日本の外交はまず謝罪するところから出発しようとする。

これについては、私が次世代の党員として、衆議院議員だったとき、同じく次世代の党の衆議院だった桜内文城さんが衆議院の予算委員会で傾聴に値することを言っていた。紹介しておきたい。

桜内文城　先ほど外務大臣から謝罪ということについての政府のお考えをお聞きしたところですけれども、私、ここは、特に外交という場においては謝罪をするということの意味合いについてやはりしっかりと考えなくちゃいけないと思うんです。

山本七平が以前書籍の中で書いておりますけれども、日本社会の中でいえば、何か悪いことをした、子供のころから、ごめんなさいと言えというふうにしつけられるわけですよ。もし、ごめんなさいと言わなければ、やったことよりももっとひどいやつだというふうなしつけがなされていて、日本人同士であれば、日本社会の中であれば、まず謝罪する、そうすれば責任が解除されるというふうに彼は書いているわけですけれども、しかし、宗教や生活環境あるいは社会のお互いの考え方の違いというのはやはりありまして、恐らく日本以外では、全ての社会において、謝罪をするということはみずからの罪を認めること、神の前でみずからの罪を認めることということは、地獄に落ちても仕方ないし、殺されても仕方ないというのが世界の常識だと書いてございました。

つまり、「謝罪」という行為は、日本と日本の外とで社会的にもたらす効果が異なっているというの。

日本では謝罪すれば、それで赦すとか許すとかということだけど、日本の外での国際関係では、そこから責任の追及が始まるの。だから、日本では何か悪いことをするとすぐに謝罪ということになるけれども、日本の外では、つまり、外国では、そう簡単には謝罪しない。

慰安婦の問題でいえば、まずは何と言っても、謝罪は控えておかなければならないの。少なくとも、謝罪に値することがはっきりするまでは絶対に謝らない。謝るべきことが判明しても、それは最小限にしか謝らない。

謝るのに値しないのに謝れば、それは問題をかえってこじらせる。慰安婦問題で、日本の外務省の取った初期の処置は、まさにこの謝罪の洪水でしょう。これでは、問題はこじれるわよ。

山本　それに、日本の名誉が、回復しがたいほどに傷つく。

杉田　私は思うの、「謝罪」のこのような日本と日本人の外とでの違いについては、外務省は最も鋭敏に知っておかなければならないはずです。なのに、外務省は、日本国内においてしか通用しない謝罪をして赦してもらって、それでものごとを決着させるという手法を、日本の国内で行われている以上に、安易にひんぱん頻繁に行う。ものごとがこじれるばっかりよ。

山本　外務省はどうしてそうなのだろう。

杉田　外務省は、はっきり言って能力が劣るのよ。
　面白い本がある。ジャーナリストの宮崎正弘さんと同じくジャーナリストの高山正之さんの対談本で、『日本に外交はなかった―外交から見た日本の混迷』（自由社　二〇一六年）がある。この本では聖徳太子のころから、全日本史を通じて、日本の外交について語っているんだけど、明治以降の近代国家誕生以降に限って解説すると、明治の初期、幕末の刃をくぐり抜けた人たちによって外交が担われていたころは、矜持もあり、技術的にも見劣りしない、外交のある時代があったものの、明治の後半以降、日本の外交は見るも無惨な、無能な外交となる。外務省は無能な外交官の集団の役所になった。

山本　とすると、昭和十六年（一九四一年）の日米戦争も、外務省の力不足で起こってしまったというようなことが書いてあるわけ？

杉田　そう。日米戦争が起こるのには、確かに日本の陸軍や海軍に不適切な行動があったと言えるかもしれない。

だけどね、日米開戦寸前は、陸軍も海軍もアメリカとの戦争を避けようと必死だった。有名な十一月二十六日にアメリカ政府から日本政府に宛てられた、ハル・ノートね。それまでの日米交渉のすべてをひっくりかえしたような要求が書いてあった。日本は、これは到底、飲めないと考えて日米開戦に踏み切ったんだけど、考えてもみてよ、なぜこのとき、このハル・ノートを日本政府はアメリカ国民に公表しなかったの？

こんなものを日本に押し付けたら、日本は戦わざるをえないけれど、アメリカ国民の皆さんは戦争したいんですかと、アメリカ国民に聞けばよかった。この昭和十六年の秋、アメリカ国民は世論調査でも避戦の意向を強く示していた。だから、ハル・ノートをアメリカ国民に知らせれば、時の大統領ルーズベルトはこのハル・ノートを引っ込めざるをえなくなったはず。

それに、この本に書いてあることだけれど、一年前の一九四〇年の秋、ルーズベルトは、大統領三選を目指して、選挙民のアメリカ国民に、「あなたがたの子供をけっして戦場には送らない」と言って、避戦の誓いをアメリカ国民にして、三選に成功していた。

ルーズベルトは、戦争をしたいと思っても、自分の方から戦争をしかけていくことはできなくなっていると分かるわよね。だとすれば、もしアメリカが戦争を望むとすれば、自分の方から戦争をしかけるのではなく、戦争をしかけられるようにもっていくはずだと誰でも分かる。

しかし、外務省の外交官でそのことを分析して指摘していた人はいなかった。

山本　ということは、日本とアメリカの戦争は、外務省の能力が高ければ、避けられた戦争だったということ？

杉田　そうよ。その上、アメリカへの宣戦布告の仕方がまずかった。

日米戦争は、日本海軍の真珠湾奇襲から始まるんだけど、計画としては、真珠湾攻撃の三十分前、ワシントン時間で、一九四一年十二月七日の午後一時に手交することになっていた。

しかし、この宣戦布告文をタイプする人は、前の日に外に遊びに行って、清書の作業が遅れた。翌朝、一生懸命タイプを打つんだけれど、やはり作業開始が遅れたため、真珠湾の海軍攻撃開始の後一時間後、つまり合計約一時間半遅れて二時半に手交した。だから日本海軍の真珠湾攻撃が無通告の「騙し討ち」となった。

それでアメリカ国民は怒った。そして原爆を落とすまで日本を許さなかった。原爆を落とした時の大統領トルーマンの声明では、原爆を落とした理由として、真珠湾の「騙し討ち」を真っ先に挙げた。

戦争責任を隠した外務省は自虐史観温存のための政府機関になった

山本　それなのに、外務省は正式には、そのことについて日本国民に謝ったことがないというんでしょ？　聞いたことがある。

杉田　そうです。私たち日本人が日本の外交問題を論じるとき、どうしても読んでおかなければならない本だと思うけれど、先ほど話しにでた「新しい歴史教科書をつくる会」の前会長の杉原誠四郎さんの書いた本で『外務省の罪を問う』（自由社　二〇一三年）という本がある。

ここで、戦後になって外務省は、先の宣戦布告で遅延したことに、正式に謝罪していないどころか、その清書の作業が遅れて、手交遅延の直接の原因を作った一等書記官と、本省より重要な電報を送るから緊急体制を布けと指示が来ているのに、タイプを打つ係の人を遊びに行かせるなど、緊急体制を布かなかった参事官とが、懲戒処分を受けるどころか、いずれも外務次官という外務省の最高官職に就くのね。

外務省は謝罪しないどころか、逆のことをしたのね。

ここで、杉原さんの指摘することが大切なんだけれど、謝罪をしなかったということは、単に謝罪しなかったということだけではなしに、外務省は自らの戦争責任を隠したということになるわけね。それで、外務省には戦争責任はないということになると、戦争責任はもっぱら解隊された旧陸軍と旧海軍にあるということになるわね。

そうなるとどういうことが起こるか。かの戦争についてすべての責任を旧陸軍と旧海軍に押し付けるということは、日本側にあった言い分、かの戦争に入ることになったやむをえない理由について、いっさい語らず、かの戦争を悪い戦争だとして、その責任を軍部に押し付けることになる。

もし外務省もかの戦争に関して責任のあることを認めておれば、必ずや「しかし」と言って、日本側にもかの戦争に入るに当たって言い分があった、大義があった、ということは言わざるをえなくなっていたでしょう。

だけど、戦争責任は軍部にあって、外務省にはないとすれば、かの戦争は悪い戦争だったと言って、やむをえなかったことは言わなくなるでしょう。

つまりね、外務省は、自虐史観の中でしか存在できない政府機関になったの。日本政府の外交組織たる外務省が自虐史観の中でしか存在できなくなっているとすれば、それは日本が国家として自虐史観の中にどっぷりつかり、そこから抜け出せないということになるでしょう。

私だけがしゃべって悪いけれど、昭和六十年十一月八日、中曽根康弘内閣の時のことだけど、小和田恒外務省条約局長は、衆議院外務委員会で、「日本は東京裁判を受諾して国際復帰した」と答弁した。つまり、日本は東京裁判を受諾したのだから、対等な主権国家ではない、と答えたのね。いわゆるハンディキャップ国家論ね。

念のため言っておくけれど、小和田さん個人を責めているわけではない。小和田さんは、それまで外務省内部でできていた外務省の見解を言ったにすぎないでしょう。

だけど、この小和田さんが条約局長として言った言葉の中に、戦後の外務省自ら立った立ち位置を明らかにしている。東京裁判を受諾して国際社会に復帰したのだから、我々日本人は東京裁判を護持しなければならない、と言っていることになる。

外務省は、日本国家が自虐史観を維持しなければならないと言っているのよ。避けられる戦争を無能ゆえに避けられず、あれだけ凄惨な被害を国民に与えた外務省でありながら、戦争責任はいっさい、旧陸軍、旧海軍に押しつけて自らは日本は自虐国家でなければならないと言っている。こんなこと許せる？

山本　その話、私も聞いたことがある。確かにおかしいわね。だって講和条約というのは、戦争が終わって、対等な主権を回復したとして結ぶ条約でしょう。

小和田さんが言ったように東京裁判の護持を強いられた不十分な主権しか回復していないとしたら、主権を完全回復するためにも、もう一度戦争をしなければならなくなる。そんなことは、建前として見る国際連合だけど、国際連合の理念にも反する。

杉田　結局、杉原さんの言っているのは、外務省が戦争責任を隠したという意味は、外務省が自虐史観の維持発展のための政府機関になったということね。

山本　分かる。慰安婦問題に帰るけれど、だから、慰安婦問題が出てきても、その真偽を確かめることもなく、すぐ謝罪するのね。

杉田　そう。そのような嘘の話が韓国によって言いふらされても、怒りがこみあげてこない。その限りで、外務省の人たちは愛国心もないことがわかる。ただただ、自虐史観の中に浸って、謝り続ける。

山本　その上、先ほど言われたように、無能だから、日本国内でなす謝罪の果たす役割と、日本の外で行う謝罪の果たす役割との区別がつかず、頻繁に謝罪することになる。
まさに杉原さんの言うように「外務省の罪を問う」ですよね。

杉田　日本の政府機関で、外交という重要な役割を担いながら、それが自ら、自虐史観に浸りきっていれば、日本がまともな国家になっていけるはずはない。

外務省は自虐史観克服を目指して動き出した

山本　だけど、その外務省も、最近は、自虐史観克服に向かって動き始めたと言える。

杉田　そうね。第二章で話し合ったように、私たちがジュネーブに出かけて行って発言したこともきっかけとなって、平成二十八年二月十六日はジュネーブ国連女子差別撤廃委員会で外務省の杉山晋輔審議官は、慰安婦の「強制連行」はなく、慰安婦は「性奴隷」ではなかったとはっきり述べた。

山本　第六章で詳しく触れると思うけれど、アメリカ、グレンデール市の慰安婦像に関して、私も理事を務めている「歴史の真実を求める世界連合会」（ＧＡＨＴ）が連邦裁判所に訴えていた訴訟で、本年（平成二十九年）二月二十二日、日本政府は意見書を出してくれた。正直に言って、私どもＧＡＨＴ関係者も驚いた。

残念ながら、この訴えは三月二十七日、却下され、私たちの敗北に終わるのだけれど、政府が、つまり外務省が動き出したことの意義は大きい。

杉田　今年（平成二十九年）、国連人権委員会で特別報告者デービット・ケイ氏が、五月二十九日報告したけれど、この報告は直接慰安婦に関するものではなかったものの、日本の人権問題について非常に偏ったものだった。これに対し、翌日三十日、日本政府は反論した。かつて平成八年（一九九六年）のクマラスワミ報告の際と違って積極的に反論した。

山本　第一章でも述べたけれど、平成二十五年の橋下大阪市長の慰安婦発言がきっかけとなって、「慰安婦の真実国民運動」が立ち上がり、ジュネーブの人権委員会にも、私たち保守系の運動団体が顔を出し、発言するようになった。保守系の運動団体がこの人権委員会に顔を出すようになったのは、沿革的に厳密に言えば、私たち「慰安婦の真実国民運動」が初めてではないようだけれど、発言をし、事実上影響力を及ぼし始めたのはこれが初めてのようですね。

そして驚いたんだけど、国連は左翼の民間運動団体（ＮＧＯ）の独壇場だった。

彼らが日本の問題を歪め、ありもしないことをあるかのようにして、あるいは針小棒大に訴え、それが何も知らない数々の委員会の委員によって、日本政府への勧告書となる。そして国連信仰の強い日本国内では、非常に大きな影響力を生むようになる。

私、そのとき不思議に思ったの。日本の保守の人たちはこれまでなぜ国連対策に気づかなかったのかと。左翼があれだけ大量に出かけていって大きな影響力を及ぼしているのに、保守の側はこれまで国際的な場に働きかけることを考えなかったのでしょうか。

偉そうな言い方かもしれませんが、保守の人たちの内向き志向、議論はしてもそれが具体的な行動になかなか繋がらない。国連のウェブサイトを見れば、人権委員会の予定やＮＧＯとしての関わり方が全て公開されていて、素人の私でも分かるのに。

だから、思うの。左翼の人たちが日本を悪くしているのに、それに気づこうとしない保守は、やはり責任があると。左翼の人の運動を援助しているわけではないけれど、何も抵抗しようとしないのだから、大局的には、援助していることになる。

先ほど、外務省の自虐史観ぶりを問題にしたけれど、それは外務省だけの問題ではなく、そんな外務省をそのままに放任しておいた、保守の人たち、保守の政治家の人たちに大いに責任があると思うの。

杉田　分かる。昭和六十年、中曽根内閣のとき、「日本は東京裁判を受諾して国際復帰した」という回答はとても許せるものではないのに、中曽根首相の下、堂々とそんな回答をさせた。外務省の体たらくは、それを許した保守の政治家の責任でもあるわよね。

山本　二〇一五年十月九日、ありもしない「南京大虐殺」に関する資料を国連教育科学文化機関（ユネスコ）が世界記憶遺産に登録した。

これを知った自民党の外交関係の議員の怒りはすさまじかった。

自民党内で十月十四日外交部会（秋葉賢也部会長）外交・経済連携本部（衛藤征士郎本部長）、

外交・経済連携本部国際情報検討委員会（原田義昭委員長）、日本の名誉と信頼を回復するための特命委員会（中曽根弘文委員長）の合同会議が開かれ、これに出席した人から聞くところによると、外務省の審議官を呼びつけて、ものすごい剣幕で、叱ったという。外務省が少ししっかりしてくる陰には、与党の自民党のこうした自覚があったということね。

外務省は慰安婦問題でこれまで何をしてきたか

杉田　それでは慰安婦問題について外務省がどんな振る舞い方をしてきたのか、時系列で追ってみましょう。

山本　確かに慰安婦問題は吉田清治が嘘話を言い出すまでは、かけらもなかった。だけど、急にそんな話が出てきて、それが本当の話しに聞こえていたときに、もともと反日的感情のあった韓国で非難の声があがった。

杉田　吉田清治の話しの前に千田夏光の『従軍慰安婦―声なき女、８万人の告発』という本があるんだけど、それを「狩り出した」とした吉田清治の慰安婦の講演記事を『朝日新聞』が初めて掲載したのが、昭和五十七年（一九八二年）ね。

そして平成四年（一九九二年）の一月十一日、吉見義明中央大学教授が、慰安婦施設を軍が関与した資料を発見したとして、『朝日新聞』が報道した。よく見れば、軍は安全や衛生管理など良い意味で関与したのに、慰安婦狩りに関わるような関与をしたような印象になった。

この報道の直後に韓国を訪問した宮沢喜一首相は、韓国の盧泰愚大統領に八回も謝罪した。まさに悪徳『朝日新聞』の思惑どおりになった。そして翌年平成五年の八月四日の「河野談話」となる。

だけどね、この慰安婦問題については、平成四年（一九九二年）、月刊誌『正論』六月号で歴史家の秦郁彦氏が、吉田清治が実際に慰安婦狩りをしたと嘘の告白をした済州島に実地調査に行って、吉田清治が言うような史実は存在しないということを明らかにした。「従軍慰安婦たちの春秋」というタイトルね。

だから、「従軍慰安婦」の「強制連行」はなかったということがこの時点ではっきりしたの。にもかかわらず、翌年の平成五年、「強制連行」を認めたかのような「河野談話」ができた。しかも、その発表の席で河野洋平官房長官が記者の質問を受けて「強制連行」はあったと認めてよい、という許しがたい回答をした。

この談話の作成される過程は平成二十五年以来の日本維新の会や次世代の党の追及で明らかになったけど。

山本　つまりは韓国とのすり合わせでできたもので、日本が何とか「強制連行」を認めたかのようなものになっていれば、それでもって、以後、韓国政府は慰安婦問題で日本を攻撃、非難することはない、ということで、文言の読みようによっては、日本の官憲による「強制連行」はあったようにも読める文言になってしまった。

河野談話（慰安婦関係調査結果発表に関する河野内閣官房長官談話）

いわゆる従軍慰安婦問題については、政府は、一昨年12月より、調査を進めて来たが、今般その結果がまとまったので発表することとした。

今次調査の結果、長期に、かつ広範な地域にわたって慰安所が設置され、数多くの慰安婦が存在したことが認められた。慰安所は、当時の軍当局の要請により設営されたものであり、慰安所の設置、管理及び慰安婦の移送については、旧日本軍が直接あるいは間接にこれに関与した。慰安婦の募集については、軍の要請を受けた業者が主としてこれに当たったが、その場合も、甘言、強圧による等、本人たちの意思に反して集められた事例が数多くあり、さらに、官憲等が直接これに加担したこともあったことが明らかになった。また、慰安所における生活は、強制的な状況の下での痛ましいものであった。

なお、戦地に移送された慰安婦の出身地については、日本を別とすれば、朝鮮半島が大きな比重を占めていたが、当時の朝鮮半島は我が国の統治下にあり、その募集、移送、管理等も、甘言、強圧による等、総じて本人たちの意思に反して行われた。

いずれにしても、本件は、当時の軍の関与の下に、多数の女性の名誉と尊厳を深く傷つけた問題である。政府は、この機会に、改めて、その出身地のいかんを問わず、いわゆる従軍慰安婦として数多の苦痛を経験され、心身にわたり癒しがたい傷を負われたすべての方々に対し心からお詫びと反省の気持ちを申し上げる。また、そのような気持ちを我国としてどのように表すかということについては、有識者のご意見なども徴しつつ、今後とも真剣に検討すべきものと考える。

われわれは、歴史研究、歴史教育を通じて、このような問題を永く記憶にとどめ、同じ過ちを決して繰り返さないという固い決意を改めて表明する。

なお、本問題については、本邦において訴訟が提起されており、国際的にも関心が寄せられており、政府としても、今後とも、民間の研究を含め、十分に関心を払って参りたい。

特に下線部は日本政府が公式に強制連行を認めたと誤解される文言となった。結局、それが元になって、世界中に慰安婦問題が拡散されていく。

杉田　しばらくは、この「河野談話」の作られるときの韓国政府の約束、つまり、これでもって韓国政府は慰安婦問題を持ち出さないという約束は守られていたけれど、やがて「河野談話」

は「強制連行」を日本政府が認めたものとして世界に拡がっていく。

山本　そして二年後の平成七年（一九九五年）いわゆるアジア女性基金の設立で、慰安婦問題について、政府の直接の公金ではないけれど、償い金を出すことで解決しようとした。これで、史実の真偽より、謝罪がさらに強く表に出ることになった。

そして平成八年（一九九六年）のクマラスワミ報告となる。つまり、慰安婦を「性奴隷」と呼び、慰安婦が二〇万人もいたという全くでたらめな報告をした。すでに嘘と判明していた吉田清治の話しにも依拠していた。

今から思うと、日本弁護士連合会（日弁連）が一九九二年から戸塚悦朗弁護士を海外に派遣し、国際連合へのロビー活動を開始し、そこで、「慰安婦」を「性奴隷」と表現し、ロビー活動が途方もなく効を奏していたわけね。

このクマラスワミ報告が出たとき、不思議なのは、政府が反論書をいったん提出しながらそれを取り下げたこと。クマラスワミの報告があまりにもひどいから、日本政府つまり外務省が反論を書いたのに、それを引っ込めてしまった。

杉田　その不思議さを解いたのが、今年（平成二十九年）『新潮45』五月号の早稲田大学教授有馬哲夫氏の「1996年、日本の『慰安婦問題』反論文はなぜ封印されたか」ね。この反論書をめぐって、アメリカと相談したことがCIA文書の公開によって明らかになった。

実は、この反論書については、アメリカと相談していた。当時、外務大臣は池田行彦氏、駐米日本大使は、斎藤邦彦氏、国連大使は小和田恒氏、この反論書について国務省を訪ねた。

この反論書には、慰安婦の事実認定に関する反論と同時に、戦争犯罪に関わるものは、戦勝国と敗戦国との間で結ぶ平和条約によって最終的かつ完全に処理されるとして、解決済としている。

この反論書は、平成二十七年に「正論」で発表されているけど、内容(事実認定)については「以上に挙げた理由により、この文書に含まれている事実の記述は、正確とはいえず、裏付けされていない事実に基づいている特別報告者の主張を日本政府が受け入れることは難しい。『慰安婦』の問題は五十年から六十年以上経過しており、適切な調査をすることは困難である。したがって日本政府は裏付けのない情報に基づき報告書を出す理由を理解できない」としている。法的有効性の問題についても総括して「実際には国際法の恣意的根拠のない『解釈』に基づいた政治声明である」と斬り捨てている。

反論書は、これだけ慰安婦の問題を明確にしながら、結局は撤回したのよ。

山本　結局、アメリカと相談して撤回したのね。

杉田 アメリカとだけではなかった。カナダ、オーストラリア、ドイツ、フランス等西側九カ国、さらにはフィリピン、インドネシア、マレーシア、タイ、シンガポールなどに意向を聞いている。

日本側に対して、強烈な意見を示した国はないようだけど、結局は、日本は戦争に負けた敗戦国としての自虐的な立場に立って遠慮して撤回したようね。

山本 日本の名誉は守ろうとしなかった。

杉田 そう。戦争に負けたことは関係ない。第一、慰安婦問題は、主として韓国と日本の問題なのに、どうしてアメリカなどと相談しなければいけないのよ。

山本 そしてクマラスワミ報告を否定しなかったら、クマラスワミ報告に書いてあることが真実になってしまう。そのことについてなぜ痛痒を感じようとしないのよ。

杉田 平成十九年（二〇〇七年）慰安婦問題につき、アメリカ下院議会で対日非難決議がなされる。日本は絶望的状況になった。

これは、私たちが国連に手を伸ばさなければならないと気が付くずっと以前で、保守の側でそんなことを考える人が一人もいなかったからだけど、この「河野談話」の出る一年少し前、平成四年（一九九二年）、戸塚悦朗氏が「性奴隷」という表現を国連に持ち込んだとき、外務省はこれに怒らなかった。激昂する人がいなかった。

それだけで、外務省は日本国民のために仕事をしていないということになるんだけど、そればかりではなく、それを謝罪で解決しようとした。先ほども言ったことだけど、外交の専門家だから、国際関係で安易に謝罪してはいけないのだ、ということをいちばんよく知っておかなければならないのに、日本国内で日本人同士が謝罪する場合よりもっと安易に謝罪ですませようとした。

山本　先ほども出たけれど、昭和六十一年、外務省は、日本の東京裁判を受け入れたハンディキャップ国家だということを公式見解にしていたんだから、謝罪するよりほかはないと思うわけね。

杉田　そう。そうやって外交問題にはしないと言い続けてきた。

山本　日本国民がこれだけありもしない侮辱を受けているのに、その汚名を晴らそうとしない。それで外交といえるのかしら。

杉田　この「外交問題にしない」という言い方、実はね、平成二十六年の石原信雄元官房副長官の証言を聞き出すときにも、政府はまだ、日本の基本姿勢として「外交問題にしない」と言っていたのよ。

話は慰安婦問題ではないけれど、昭和六十一年（一九八六年）ね、高等学校の歴史教科書で『新編日本史』という保守系の教科書ができたとき、外務省は中国政府の抗議を受け入れて、当時の文部省が検定合格とした教科書をさらに書き替えさせたことがあった。

その時の総理は、中曽根康弘氏だけど、中国政府の抗議を受け入れて、外務省が書き替えさせるのを容認した。今なら考えられないことだと思われるけれど、当時は、保守の人たちの声も、それほど大きくはなかった。日本中が自虐史観の維持強化に努めていた外務省に屈していたことになる。

山本　でもね、最近は動くようになった。平成二十八年（二〇一六年）二月十六日、口頭ではあったけれど、国連で慰安婦は性奴隷ではない、強制連行もなかったと言うようになった。

何度も言うことになるけれど今年（平成二十九年）の二月二十二日には、私が理事を務めているＧＡＨＴの訴訟で米国連邦最高裁に意見書を出してくれた。

五月三十日には、前日に、デービット・ケイ氏が、慰安婦問題には限らないがとんでもない特別報告をしたら、翌日には反論書を出した。

その少し前の国連拷問禁止委員会が日韓合意を見直すように勧告した時も、直ちに反論した。ユネスコの世界の記憶の制度改革に日本側の意見を入れることにかなり、成功しています。

支援がなければ慰安婦問題解決のための運動はできなくなる

杉田　だけど慰安婦問題はしんどい。

今年（平成二十九年）の六月九日、慰安婦問題に永続的に取り組むと言って梁澄子氏が代表理事になって「希望のための基金」を立ち上げたわね。日本の若者が「慰安婦」について学び、性暴力のない社会を目指すと言っているけれど、つまりは慰安婦問題の継承発展ね。

山本さんも「なでしこアクション」を立ち上げていて、次から次へ攻めてくる左翼の人たちに閉口するでしょう。

山本　そう思う時もあるけれど、保守の層に若い人たちが育ってきていて、私たちを支える人たちの方がどちらかというと優勢になっているんじゃないかしら。

何しろ、左翼は、ありもしない嘘から始まっている。

だから、やはり正しい情報を提供していくと、若い人たちは、自然に私たちを支持してくれる。そしてそれが、政治家、与党、自民党と言ってもよいけれど、自民党の国会議員の自覚にもつながり、それが外務省を叱責して、外務省もまっとうなことをするようになってきている。

杉田 それにしても、左翼の人たちもよく頑張るわよね。そうは思わない？

山本 それは思いますよ。どうして嘘から始まったことをこんなに情熱を傾けることができるんだろうと。

でも、「なでしこアクション」をやっていて思うんだけど、左翼の活動は活発。人材の範囲が広いし、資金もある。「平和」「反戦」「貧困を救え」「ヘイトはいけない」「弱者の権利」とか、受け入れやすい言葉を使って理解を求めるのが上手。見習うべきところが多いと思います。

杉田 なるほど、そうね。

山本 だから思うの。保守の人たちはもっと自覚して、保守の人たちの運動を支えて行かなければならないと思うの。政府が何とかしてくれると思っていては駄目。

平成四年（一九九二年）、戸塚悦朗氏が国連で慰安婦は「性奴隷」だと言ったとき、保守の人で、これを批判しに国連に行く人はいなかった。

だけど、橋下大阪市長には悪いけれど、一つのきっかけとなり、「慰安婦の真実国民運動」が立ち上がり、国連に出かけて行って、私たちの意見や主張を言うようになった。そして、外務省の行動様式も変えていきつつある。

そのとき、保守の人たちに考えてほしいんだけれど、こうした「慰安婦の真実国民運動」が活動できるのも、それを経済的に支えてくれている、いえ、支えていただいている人がいるからよ。

つまり、私が言いたいのは、日本をよくするためには日本政府を頼りにしているだけでは駄目で、民間でも「てま、ひま」かけて運動していかなければならないということ。だから、日本がよい状態で続くことを願っている人は、そのことを自覚して、そのための税金だと思って、そういう運動団体に入って支えたり、あるいは直接、寄付していかなければならないと思うの。特に、少しでも生活に余裕のある人は、そうした運動を支えるように動いていかなければならないと思う。

民主主義の時代だから、国がよくなるのも悪くなるのも、国民の自覚によるとすれば、左翼の人たちに抗して日本をよくするために頑張っている人たちに、支援をしていく必要があると思うの。

さらに言うと、正論を大声で張り上げて言うだけじゃだめ。いかに知らない人に受け入れやすい言葉や方法で伝えたらよいかの工夫がいると思う。生意気かもしれないけど、賢い戦略が必要。

杉田　本当にそうね。「なでしこアクション」を立ち上げている山本さんの言葉として、私十分に理解できる。

山本　考えてみてほしいの。平成二十五年の橋下大阪市長の発言以降、慰安婦問題を解決し、日本をよくしようと思っている人たちが立ち上がって「慰安婦の真実国民運動」に結集し、そして国連にも出かけるようになった。アメリカでは裁判を起こし、日本政府も意見書を出すようになった。

振り返って考えてみると、この間、慰安婦問題で、日本政府が特別にお金を使ったのは、アメリカの弁護士に頼んで意見書を書いてもらった費用だけ。国会での日本維新の会や次世代の党の追及は、これも広い意味では、国民としての運動の動き。そしてこれは国費だけど、その他の民間の運動での活動資金は、すべて心ある篤志家の人々が負担し、支援した。

慰安婦問題を解決しようと国連に行ったのは、事実上私たちが初めてだし、その巨額の費用も、負担し支援する方々がいらしたからできたこと。もしこのような支援がなければ、日本の民間には何の動きもないことになり、日本はやられっぱなしで、慰安婦問題で日本は何も変わっていなかったかもしれない。そういう意味ではすべての日本人は、これまでのことについて、これまで私たちの運動を支えてくださった人たちに感謝すべきだと思うの。

杉田　本当にそうよね。先ほど山本さんが言ったように、日本は民主主義国家なのだから、日本をよくするためには、まずは国民の方で動かなければならないのよ。そうだとすれば、少しでも経済的ゆとりのある人は、こうした運動を支援していくようにしていただかなければならないのよね。

第四章

日本維新の会・次世代の党の活躍

実現した石原信雄元官房副長官の国会招致

山本　今度は、杉田さんの国会での活躍の話しに入りましょうよ。橋下大阪市長の発言の後の、日本維新の会、そして次世代の党の、慰安婦をめぐる追及はすごかった。

証言する石原元官房副長官

杉田　そう。日本維新の会、次世代の党で活躍した、次世代の党の系統の議員、残念ながら平成二十六年八月一日の、日本維新の会の分裂で次世代の党の所属になったのだけど、この議員の慰安婦問題解決に向けた追及はすごかった。

衆議院では石原慎太郎、平沼赳夫、藤井孝男、中山成彬、山田宏、中田宏、桜内文城、松田学、三宅博、宮沢隆仁、中丸啓、西田譲、田沼隆史、そして私（敬称略）。

参議院では、中山恭子、中野正志、和田政宗（敬称略）。

そして次の表に揚げるのが、慰安婦問題に関して、次世代の党に属した人たちの国会での、追及の活動一覧です。

この一覧を見ると慰安婦問題は、橋下発言がある前から、焦点を当てた問題だったのが分かります。慰安婦問題に焦点を当てていたところに橋下大阪市長の例の発言があったんですね。

慰安婦問題を追及していた私たちは分党の際に、全員が次世代の党に集まった。そして慰安婦問題を戦っていた同志は平成二十六年十二月二十四日の総選挙でばたばたと倒れていった。だけど、あの人たちの日本のことを思う誠の心は確かなものだった。現在「こころの党」に残っている人もいるけれど、同士は自民党に移ったり、中には亡くなった三宅さんのように大阪維新の会（当時）に移った人もいる。

だから、私、この人たちのために、彼らが国会で頑張った様子をどうしても話しておきたいの。日本のためにあれだけ誠をつくし、有能だった人たちだから、必ず再起して、頑張ってほしいと思っているの。

山本　なかでも杉田さんは、国会の先生として、よく頑張っていた。その人たちに関わって、まず、杉田さんのことから話してよ。

慰安婦問題に関する次世代の党系の議員の国会での発言の一覧

24・09・28　日本維新の会結成

24・12・16　総選挙

25・02・08　衆・予算委　山田宏（日本維新の会）

●歴史問題の一つとして「従軍慰安婦」を指摘

25・03・08　衆・予算委　中山成彬（日本維新の会）

●第一次資料を使って従軍慰安婦は存在しなかったと証明

●文科省ホームページにて検定教科書の公開を提案

25・04・01　衆・予算委　杉田水脈（日本維新の会）

●地方議会で誤った決議が行われていることへの批判

●慰安婦問題に関する正しい情報の広報活動が弱いと指摘

25・10・22　衆・予算委　中田宏（日本維新の会）

●疑義が生じた「河野談話」につき、当時の河野官房長官、石原官房副長官を参考人として招致することを明確に要請

25・10・25　衆・本会議　藤井孝男（日本維新の会）

25・11・05　衆・法務委　西田譲（日本維新の会）
●特定秘密の指定と慰安婦聞き取り調査の関係を質問
●ニューヨーク・ホロコースト記念館に従軍慰安婦特別展示館を設ける動きのあることを指摘

25・11・14　従軍慰安婦問題を検討する「歴史問題検討プロジェクトチーム」（座長　中山成彬）設置

26・02・03　衆・予算委　杉田水脈（日本維新の会）
●アメリカに建つ慰安婦像・碑文への対応をただす
●「河野談話」の河野洋平官房長官の参考人招致要請

26・02・12　衆・予算委　石原慎太郎（日本維新の会）
●「河野談話」を発した河野官房長官の自虐的姿勢を批判

26・02・12　衆・予算委　藤井孝男（日本維新の会）
●外務省の広報予算の少なさを指摘

26・02・12　衆・予算委　中山成彬（日本維新の会）
●フランス、アングレームでの国際漫画祭の事件を指摘
●「河野談話」の河野官房長官、石原官房副長官、谷内外政審議室長の参考

人招致を要請

26・02・20　衆・予算委　山田宏（日本維新の会）

●慰安婦像碑文、アメリカ下院決議等の文言の問題を指摘

●外務省の対応を問題視

●石原信雄元官房副長官の参考人招致（韓国慰安婦の聞き取りで裏付け調査はしていないことを証言）

●慰安婦に関するNHK国際放送を批判

26・02・21　衆・総務委　三宅博（日本維新の会）

●慰安婦に関するNHK国際放送の問題点を指摘

●NHKの女性国際戦犯法廷の放送を批判

●NHKのJapanデビューの放送を批判

●平成8年のNHK教育テレビ「五十一年目の戦争責任」の慰安婦の間違った放送を批判

●平成7年の衆議院の戦後50年謝罪決議に関する不公正な報道を批判

●NHKの高い人件費を批判

26・02・26　衆・予算委第二　三宅博（日本維新の会）

●「河野談話」の河野元官房長官を万死に値いすると批判
●慰安婦問題での外務省の使命と役割が満たされていないことを指摘
●日本維新の会の慰安婦問題に関する「河野談話」の見直しを求める国民運動について説明

26・03・06　参・予算委　中野正志（日本維新の会）
●「河野談話」作成過程の調査、検討はいつ終わるか質問

26・03・19　衆・内閣委　松田学（日本維新の会）
●「河野談話」は見直さないという政府の方針と「河野談話」の作成過程の調査、検討の関係を質問

26・03・19　衆・内閣委　中丸啓（日本維新の会）
●アメリカ下院の慰安婦決議は「河野談話」が根拠になっていることを指摘

26・04・01　衆・安保委　中丸啓（日本維新の会）
●オーストラリア、ストラスフィールド市の慰安婦像設置に関する状況を調査するよう要請

26・04・11　衆・内閣委　杉田水脈（日本維新の会）
●ＧＡＨＴ（歴史の真実を求める世界連合会）がグレンデール市を提訴した

と報告
●慰安婦問題で日本政府の働きかけが弱いと指摘
26・05・09　衆・内閣委　中丸啓（日本維新の会）
●「河野談話」見直しを求める署名活動で署名する人が多いと報告
●慰安婦問題で日系人が苦しんでいるのに、日本の大使館、総領事館は有効な手を打っていないことを指摘
26・05・09　衆・内閣委　杉田水脈（日本維新の会）
●女子差別撤廃条約に基づいて、日本政府が七月に国連に報告しなければならないことを指摘
26・05・28　衆・予算委　山田宏（日本維新の会）
●「河野談話」作成過程等に関する検討チームの経過報告について質問
26・08・01　次世代の党発足
26・10・01　衆・本会議　平沼赳夫（次世代の党）
●「河野談話」に替わる新たな官房長官談話を出すよう要請
20・10・06　衆・予算委　山田宏（次世代の党）
●朝日新聞の慰安婦記事取消以降の学校教科書の慰安婦記述について質問

●朝日新聞は報道機関として資格があると思うかと質問
●木村伊量朝日新聞社長と、河野洋平元官房長官の参考人招致を要請
●外務省のウェブサイトでアジア平和国民基金の、強制的に慰安婦にしたとの文言のあることを問題視
●クマラスワミ報告が出たときの外務省の対応を批判

26・10・06　衆・予算委　桜内文城（次世代の党）
●慰安婦問題に関し、外交における謝罪と日本社会の中での謝罪の意味の相違を指摘

26・10・14　衆・安保委　中丸啓（次世代の党）
●世界の慰安婦問題につき、情報ネットワークを作るよう要請

26・10・15　衆・外務委　宮沢隆仁（次世代の党）
●慰安婦問題に邦人子弟がいじめられている場合、在外公館は現地司法当局に訴え、安全確保するよう要請

26・10・15　衆・内閣委　杉田水脈（次世代の党）
●石原官房副長官の証言や「河野談話」作成過程の政府報告があったのに、国連女子差別撤廃条約に基づく政府報告で、これまでと同様のものである

として問題視

26・10・15　衆・内閣委　松田学（次世代の党）
●朝日新聞の綱領と慰安婦問題に関する実際の報道の落差を指摘

26・10・17　衆・文科委　田沼隆志（次世代の党）
●慰安婦問題の解明が進んだので教科書の慰安婦に関する記述を見直すべきではないかと指摘

26・10・22　衆・農水委　桜内文城（次世代の党）
●慰安婦問題を例にして広義の強制性を強制性とすることの非を指摘

26・10・24　衆・内閣委　松田学（次世代の党）
●「河野談話」は強制性は求めていないとしているが、文言の上では強制性を求めているように読めることの問題を指摘

26・10・29　衆・外務委　宮沢隆仁（次世代の党）
●オーストラリア、ストラスフィールド市で慰安婦問題が出ていることを指摘

26・11・07　衆・内閣委　松田学（次世代の党）
●「河野談話」を出すときの河野官房長官の発言が問題であると指摘

26・11・12　●歴史認識について政府として具体的にどのような広報をしているかを質問
●外交に関する民間の言論を育てるべきと指摘
衆・法務委　西田譲（次世代の党）
●国益は先祖の利益、子孫の利益を合わせたものであると指摘
●国際社会にあって、自国の道徳心、倫理性を顕現することが外交の真髄であると指摘

26・12・14　総選挙

27・02・03　参・予算委　和田政宗（次世代の党）
●教科書に従軍慰安婦の強制連行の記述が依然としてあることを問題視

27・03・18　参・本会議　中山恭子（次世代の党）
●日本の外交が慰安婦問題、南京事件について日本の名誉を守るための対応をしてこなかったと指摘

27・11・11　参・予算委　中野正志（次世代の党）
●安倍首相が慰安婦問題等で何ら前提条件をつけず、日中韓の首脳会談開催に至ったことを評価

27・12・24　党名変更「日本のこころを大切にする党」

杉田　そうね、私は、平成二十四年十二月十六日の総選挙で、この年の九月二十八日に結成された石原慎太郎さん、橋下徹さんが共同代表の「日本維新の会」から立候補して当選して衆議院の議員になったの。

平成二十五年四月一日、私は衆議院予算委員会で慰安婦問題を取り上げた。私の取り上げたのは私の選挙区の宝塚市の市議会の平成二十年三月二十五日の「日本軍『慰安婦』問題に対して政府の誠実な対応を求める意見書」なる決議だけど、そのころ、慰安婦問題は左翼の論がおういつ横溢していたから、地方議会でも次々と、韓国の言い分にそって日本政府を戒めるというか、善処するよう要請する決議文を次々と決議していたのね。

二〇〇七年のアメリカ下院議会決議の影響もあったのね。日本では政府の広報活動が弱いことも確かだった。

そうしたら間もなく五月十三日、慰安婦制度は必要だという、橋下氏の発言があって、大変なバッシングが行われた。

山本　このころ、すでに左翼の人たちは、慰安婦問題で、史実として戦っては不利だということが分かってきていて、人権問題に摩り替えつつあった。女性の人権という観点から橋下発言をバッシングして、世の女性軍の共感を得ようとしていた。

杉田　だから私たちは、慰安婦問題の原点に返って、言われているような史実はなかったということをはっきりさせようとした。

この年の十月二十二日、衆議院予算委員会で中田宏さんが、「河野談話」につき、初めて、河野洋平官房長官や石原信雄官房副長官の参考人として国会へ招致するよう要請した。

そしてね、十一月には、慰安婦問題検証に焦点を当てて、日本維新の会では、中山成彬さんを座長にして「歴史問題検証プロジェクトチーム」を立ち上げ、私はその事務局長に就任しました。

この委員会で最初に焦点を当てたのは慰安婦問題。当時『産經新聞』の紙上で、検証記事を書いていた阿比留瑠比氏に来てもらって精力的に勉強を進めた。それから十二月下旬、私は中丸啓議員、西田譲議員とともに、二泊三日でアメリカに渡り、グレンデール市を訪問した。

話しは少し戻るけれど、この十一月には二十八日、『読売新聞』が、慰安婦問題につき、英字新聞で「性奴隷」など不適切な表現をしてきたと、謝罪をした。これは小さな記事で、それほど当時は話題になったものではないけれど、私たちには援軍となった。『朝日新聞』への包囲網がじわじわとできていたのね。

山本　そしてついに、平成二十六年二月二十日の石原信雄元官房副長官の参考人招致への実現と発展していった。

杉田　そう、あれは圧巻だった。石原さんの証言はすでに『産經新聞』等の報道で分かっていたけれど、それを国会の場で証言することの意義は大きかった。
　石原さんは、韓国の慰安婦の聞き取り調査は裏付けを取っていないことを証言するとともに、「河野談話」によって慰安婦の問題は決着したとし、日韓は以後、未来志向で行こうと約束していたのに、しばらくはその約束は守られていたが、その後、韓国自身が再び問題にするようになり、当時の日本政府の善意が生かされていないと、「河野談話」ができた当時の雰囲気を赤裸々に証言された。

山本　このときの石原さんの証言のやりとりで、菅官房長官が、「河野談話」が作られていくときの検証チームを立ち上げるということも大きな意義があった。

杉田　そう。「河野談話作成過程等に関する検討チーム」ができて、この年六月二十日に検討結果を発表した。韓国元慰安婦への聞き取り調査を公開したものではなかったので、この検証には限界があったけれど、「河野談話」の文書自体の不適切さや、それまでの韓国との関係など、一定程度に、問題をはっきりさせた。慰安婦問題の淵源となった吉田清治の偽証言まで遡ったものではなかったけれど、『朝日新聞』を追い詰めるのに確かに一定の効果があった。

山本　それにしても、石原信雄官房副長官の参考人招致はよく実現したわね。そんなの、要求しても、政府が、つまりは与党が賛成してくれないと実現しない。

杉田　やはり、政治だから駆け引きはあるわよね。

平成二十六年の二月の末、与党は月内に予算案の採決を目指していたんだけれど、それを阻止しようとする野党との対立で目途がつかなかった。与党だけで強制採決するのもこのとき自民党は避けたかった。

その中で、日本維新の会は、野党ではあったけれど、審議拒否して、採決に欠席する考えはなかった。そこで、日本維新の会が、採決に加わることを条件に「河野談話」の見直しとして、河野洋平氏と石原信雄氏の参考人招致を要請した。自民党は当時は賛成していなかった。月末採決が目前に迫る中で、河野氏は駄目だったけれど、石原氏のみの参考人招致を承認してきた。これによって、与党は、強行採決を回避することができた。

山本　このとき、何か山田宏議員の武勇伝のようなものがあったとか。

杉田　参考人招致を決めたのは、このときの予算委員会の二階俊博委員長。このときの山田宏議員と二階委員長の電話のやりとりを、山田議員から聞いてきているから紹介するね。

二階 私の責任で、石原氏を呼ぶ。是非採決に際し維新の出席をお願いしたい。

山田 ありがとうございます。了解しました。

二階 二つ条件がある。石原氏は血圧が高いので血圧の上がる質問はやめてほしい。そして高齢なので質問は20分以内でお願いしたい。

山田 よく承っておきます。

二階 山田さん、これはひょっとすると歴史を変える質問になる。心して頑張ってほしい。

山田 わかりました。ご配慮に感謝します。

山本 慰安婦問題とはまったく関係ないことが、石原信雄官房副長官の参考人招致につながり、「河野談話」の作成過程の調査につながり、慰安婦問題の前進を図った。面白いわね。

杉田 この石原官房副長官の参考人招致のすぐ後で、三宅博さんが二月二十一日衆議院総務委員会と二月二十六日の衆議院予算委員会で発言し、予算委員会では河野洋平氏を万死に値すると言った。それもそのとおりだと思う。

山本　三宅博さんは本年（平成二十九年）四月二十四日に癌で亡くなった。

杉田　そう、本当にびっくりした。あの元気だった三宅さんの訃報に接したときは、本当に悲しかった。

三宅さんは八尾市の市議会議員を経て、そして私と同じように平成二十四年十二月日本維新の会から立候補して初当選し、国会議員になった。

山本　拉致問題でも熱心に活動していらした。

国会で厳しく追求するありし日の三宅博議員

杉田　そう。それから、ＮＨＫの偏向放送問題。慰安婦とは関係ないけれど、この表では、平成二十六年二月二十一日の衆議院総務委員会でのＮＨＫ糾弾のところも特別に紹介してある。

平成十三年の、慰安婦問題を追求するとして開かれた民間活動の「女性国際戦犯法廷」のテレビ放送、平成二十一年四月から六月にかけて計四回のシリーズで行われた「JAPANデビュー」のテレビ放送、このときの糾弾はすごかった。

私は思うの。ＮＨＫは公共放送でありながら、偏向報道はやりたい放題。

山本　だから三宅さんのような存在は貴重だった。

政府関係者が陰でＮＨＫを批判すると、ＮＨＫへの不当な圧力だといわれるから、このように国民が見ている国会の中で追及すべきだと思うの。偏向放送があったら、直ちに国会にＮＨＫ会長を呼び出し、糾弾し、そしてそのような偏向番組を制作した責任者と、その放送を許可した責任者とともに明らかにして、それ以後、ＮＨＫの中で出世できないようにする……。

そうでなければ、公共放送の公共性は担保されない。

杉田　最後、三宅さんは平成二十八年七月十日の参議院選で、大阪維新の会（当時）から出られたけれど、当選されなかった。それから一年も満たないときに亡くなられたわけだから、健康の上で相当、無理をされたのでしょね。三宅先生の遺志は、私たちが引き継ぎたい。

山本　そう。三宅先生のお陰で、慰安婦問題がよい方向に前進したことは確かだから。

次世代の党、かくのごとく奮戦する

杉田　国会内の慰安婦問題の追及の話しに戻るけれど、三月六日には参議院予算委員会で、中野正志さんが、三月十九日の衆議院内閣委員会では、松田学さんが「河野談話」の作成過程の政府の検討チームについて質問した。それが結局前述のとおり、六月二十日の報告書の発表となった。

山本　この一覧表によると、四月十一日の衆議院内閣委員会でも杉田さんは活発に発言している。私も理事を務めている「歴史の真実を求める世界連合会」（ＧＡＨＴ）が慰安婦像を建てたグレンデール市を提訴したことについても報告していただいている。

杉田　そう。それに、慰安婦問題で海外での働きかけが弱いことも指摘した。「河野談話」の見直しを求める声が国民の中でも大きくなっていることを伝えた。

山本　五月九日には、中丸啓さんが衆議院内閣委員会で、海外の日系人が慰安婦問題で、現地の中国系や韓国系の人たちから辱めを受けている、と報告しているわけですね。この問題は、私の開いているブログ「なでしこアクション」でも再々取り上げてきた。

杉田　そうですよね。日本の大使館や領事館はこうした辱めを受けていても何もしてくれない。

これは第三章でも言ったけれど、日本の外務省は、慰安婦の問題は政治問題にしない、外交問題にしないと言い続けてきた。あの、石原官房副長官が参考人として証言した二月二十日の衆議院予算委員会の時にもね、菅官房長官は、外務省のもの言いを受け入れて、「内閣としては、この問題（慰安婦問題）を政治問題、外交問題にさせるべきではないという考え方を持っています」と述べていた。

外務省の対応に関わる問題なのだけど、五月九日、私は、女子差別撤廃条約の関係で、日本政府は慰安婦問題で国連に報告しなければならない立場にあり、その際は日本の名誉を落とさない正しい内容の報告をするようにしていただきたいと注意を喚起した。この件の顛末は第二章で詳しく述べたとおりよ。

山本　そのように順調に、国会で追及していた人たちが、次世代の党に所属することになった。

杉田　思い返すと、五月二十八日、石原慎太郎氏と橋下徹氏の二人の共同代表が話し合って、分党することになった。

確かに、もともと橋下さんに近い人たちと、石原さんに近い人たちとの間では、肌合いとでもいうか、何か違いがあった。

この年の十二月十四日、突然の総選挙になるとは思わなかったこともあるけれど、この時点で分裂して、国民のみなさんに「次世代の党」という党名もはっきり覚えてもらっていない段階での総選挙は無理だった。先ほども述べたように、真摯で誠の心を持った同士がばたばたと倒れていった。

だけど、解散前の次世代の党は、頑張り続けた。

山本　国連のことは、第二章で触れたからよいとして、この年（平成二十六年）八月五日と六日、『朝日新聞』は、吉田清治を初めとする捏造記事の取り消しを行った。

国会では二月に石原官房副長官の参考人招致は実現したし、国連では、約三週間前の七月十五日、自由権規約委員会の検討会で、日本政府の回答で、「慰安婦は性奴隷ではない」と初めて明言した。

これには、「慰安婦の真実国民運動」から私が団長となって調査団が派遣されたことも関係していると思います。私たちを支援してくれた「慰安婦の真実国民運動」の支援も大きい。

かくして『朝日新聞』は観念のほぞ臍を固めたんでしょうね。これまで知らん顔していた捏造記事の取り消しをした。つまりは私たち正義の軍団に降伏してきた。

杉田　それはよかった。しかしそれは世界に、すっかり「性奴隷」が定着した後だった。確かに戦いには勝ったけれど、国土は戦いで見るも無残に荒廃していたというような感じ。

山本　城春にして草木深し、ということね。世界中に、日本の悪名は定着していた。

杉田　話はその後の次世代の党の活動に戻りたい。

山本　この一覧表を見ると、十月一日、衆議院本会議で、次世代の党の党首となった平沼赳夫さんが「河野談話」に替わる新しい官房長官談話を出したらどうかと提案している。

杉田　十月六日の衆議院予算委員会で、山田宏さんが、河野洋平氏の参考人招致を言うことにして、八月五日、六日の取り消し時期を受けて、木村伊量朝日新聞社社長の参考人招致を要請している。そして平成八年（一九九六年）の国連人権委員会でのクマラスワミ報告が出たときの外務省の対応を批判している。このことは第二章で詳しく話し合ったとおりよ。

山本　十月六日の衆議院予算委員会での桜内文城さんは？

杉田　山田宏さんが発言したときと同じときに、桜内さんは、「謝罪」について大切なことを指摘した。これも第二章で言ったことだけど、悪いことを「謝罪」をしたときの社会的機能が日本と世界とで違う。外国において謝罪をすれば罪を問われ続けること。日本の外交官という か外務省の人は、外交をあずかっているプロの外交官僚として、そのことをまずよく知って安易に謝ってはいけないのに、いとも簡単に謝ってしまい、つねに問題を大きくしてきた。

桜内さんはそのことを指摘したの。

山本　第二章で詳しく触れましたよね。

杉田　そして十月十四日の衆議院安全保障委員会での中丸啓さんや十月十五日の衆議院外務委員会での宮澤隆仁さんは、いずれも外務省の海外での対応を問題にした。外務省は海外で必要な対応をしていないと。

山本　そのとおりですね。

杉田　そして同じ日の十月十五日、衆議院内閣委員会で、私は石原官房副長官の証言や、七月十五日の国連での日本政府の「慰安婦は性奴隷ではない」という発言があったのにもかかわらず、さらに『朝日新聞』の捏造記事取り消しがあったのにもかかわらず九月に受け取った外務省の報告書では、そうしたことがまったく反映されていない。それまでどおり、日本政府はすでに謝罪しています、アジア基金によって賠償も行っています、というような調子だった。

山本　私もその間の外務省の態度はよく知っている。

杉田　それからも、次世代の党の慰安婦問題に関する追及は続いた。一覧表を見ていただければ分かるように、十月十五日衆議院内閣委員会で松田学さんが、十月十七日は衆議院文部科学委員会で田沼隆志さんが、十月二十二日には衆議院農林水産委員会で桜内文城さんが、十月二十四日には衆議院内閣委員会で松田学さんは、十月二十九日に衆議院外務委員会で宮沢隆志さんが、十一月七日には衆議院内閣委員会で松田学さんがそれぞれ慰安婦問題の追及を行った。

そして日本維新の会で当選し、活躍してきた次世代の党の西田譲さんが、十一月十二日、衆議院法務委員会で、国益は、先祖の利益と子孫の利益をも合わせたものだとして、日本の外務省を追及した。なかなか心を打つ追及だった。

でも、これが日本維新の会で当選し、次世代の党で戦った最後の戦いだった。衆議院は解散となり、十二月十四日に行われた総選挙で、次世代の党は惨敗した。

山本　でも、その惨敗後も、次世代の党は頑張った。参議院の人たちが追及を続けている。

杉田　内心、痛々しかった。

この表は、次世代の党が終わるまでのものね。けれど、次世代の党の党員の肩書で翌年二十七年二月三日、参議院予算委員会で、和田政宗議員が、教科書は依然として従軍慰安婦の強制連行の記述があると問題視した。

山本　この点は少し解説しておきたいと思う。教科書は小学校、中学校、高校とも平均して四年に一度検定があって、四年間同じ教科書が使われる。だから『朝日新聞』が慰安婦の「強制連行」は間違いでしたと、記事を取り消しても、すぐに教科書の記述がなくなるわけではない。

それに、この教科書の記述の問題というのは、高等学校の教科書の問題。ご承知のように、中学校の教科書では、慰安婦の「強制連行」の記述を問題視して設立された「新しい歴史教科書をつくる会」があって、そこからの批判を恐れて中学の歴史教科書ではすでに久しく慰安婦の「強制連行」の記述は消えてなくなっている。もっとも平成二十八年から使われている学び舎の教科書の例外はあるけれど……。

このように考えれば、慰安婦問題を初め、日本を正しい国にするのには、民間の運動がいかに大切かよく分かるわよね。

杉田　そうよ。国連だって私たちが出かけるまで、左翼の独断場だった。左翼が勝手なことを言ったそれがそのまま、日本政府への国連からの勧告になっていた。「慰安婦の真実国民運動」の存在意義は大きいわよね。もちろん、それ以前から果敢に取り組んできた山本さんの主宰している「なでしこアクション」の存在意義も大きい（笑）。

山本　それから、平成二十七年三月十八日の中山恭子代表の、日本の名誉を守ろうとしなかった外務省に対する苦言があったということだけど、本当に「なでしこアクション」の記事を書いているときもそう思う。第二章で見たように、最近は少しずつ変わってきているように思うけれど、それまで、日本の名誉については、全く無関心であるかのようだった。

杉田　同年十一月十一日の衆議院予算委員会での中野正志さんの発言が慰安婦に関する次世代の党の、文字どおり最後を飾る強い発言となった。慰安婦問題で何ら妥協せず、日・中・韓の首脳会談を評価したものだった。

山本　それにしても、次世代の党は痛々しかった。

平成二十七年九月二五日には、党首だった平沼赳夫さんが離党した。党首が離党するというのは、どういうこと？

杉田　でもね、これは平沼先生ご自身の意思ではなかったのではないかと私は思っています。

平成二十七年の夏、グアムで行われた慰霊祭に平沼さんとご一緒しました。他に中丸啓、田沼隆志前衆議院議員も一緒でした。平沼さんは毎朝ご自分が泊まっていらっしゃるホテルに私たちを呼んで、朝食をご馳走してくださいました。移動の車も一緒でした。その中で繰り返し、「自民党には戻らない」とおっしゃっていました。

「家族も地元の講演会のみんな『自民党に戻ってくれ』と言うんだよ。でもね、次世代の党には私を慕ってついてきてくれた若手がいる。優秀な職員もたくさんいる。彼らを路頭に迷わすわけにはいかない。だから私は自民党には戻らないとみんなに言っているのだよ」と。グアムから帰国した直後、平沼党首は二度目の脳溢血で倒れてしまわれました。私は今でもあの時の平沼さんのお言葉が忘れられません。

山本　ああ、そうなの。地元の選挙区の都合とも聞いていたけれど、その病気の中で、やむをえず離党が進んだのね。

杉田　そう。

山本　次世代の党として痛かったわよね。

杉田　確かに平沼さんが離党したのは辛かった。繰り返すけれど、平沼さんは、次世代の党首になって、選挙で惨敗し、極め付けの敗軍の将となった。そして、後に次世代の党を辞め、自民党に戻ってしまった。しかし、これは体調を崩し、療養中のことであり、選挙区のこともあって、やむをえないところがあった、と言える。

次世代の党が壊滅状態になり、それぞれの人が政治生命をつなげるための一つの選択肢だったと思うの。

その後、次世代の党は、平成二十七年十一月から中山恭子さんが代表（党首）となり、十二月二十一日、党名を「日本のこころを大切にする党」とし、さらに平成二十八年九月二十一日党名を「日本のこころ」として頑張っている。

私は、これだけ優秀で、日本のことを思い続けている誠の人たちが、このまま終わってほしくないの。

何としても、再起して、日本のために頑張ってほしい。

慰安婦の問題について、日本維新の会、次世代の党は本当に頑張ってきた。

そして、ここまで問題を解決してきた。

慰安婦問題の害毒は世界中に広がり、それを解決するまではまだまだ苦労があると思います。が、我々は確かに政府の姿勢の変化に大きな役割を果たしたと思うの。何度も言うけれども、だからこそ同士に頑張って必ず再起してほしい。

山本 では、次世代の党の問題はここらで終わりましょうか？

杉田 いえ、次世代の党のことで、もう一件、きちんと述べておきたいことがあるんです。

山本 何ですか？

杉田 本年、平成二十九年六月二十九日、先ほども紹介したけれど、次世代の党の衆議院議員だった桜内文城さんが、吉見義明さんに訴えられていた裁判で、最高裁判所の判断が下り、桜内さんが最終的に勝ったんです。

山本 あの裁判ね。桜内さんは、四年前の平成二十五年五月、当時の日本維新の会の共同代表橋下徹さんが外国人記者クラブで、記者会見した時、英語が苦手な橋下さんを助けるために同席していた。その桜内さんが「慰安婦＝性奴隷」説は「捏造だ」と言ったのを、名誉が汚されたと言って、名誉棄損として訴えられたのよね。

杉田　そう。それで最高裁まで上告されてしまった。

山本　この吉見さんという人、公正な判断のできない人ね。平成四年『朝日新聞』がからむ話だけど、一月十一日の『朝日新聞』で慰安所に関与したとして、あたかも性奴隷にしたかのような印象で関与したと報道させた。

でも、実態は慰安婦の衛生や安全のためのよい管理だった。そのことを十分に分かっておりながら、いかがわしく関与したかのような印象を与えた。その直後の十六日から十八日にかけて韓国を訪問した宮沢喜一首相は八回も謝罪した。

その彼が平成十四年（二〇〇二年）慰安婦に関する本を英語で出版し、世界に大変な負の影響を与えた。

そこで言われている「慰安婦＝性奴隷」説を否定する発言に立ち合っていた立場から、否定した。そうしたら訴えられ、莫大なエネルギーを割かされた。

杉田　そこでね、桜内さんのご苦労を慰めるためにも、この勝利した次の日の六月三十日、どんなことをブログで言われたか、ちょっと紹介しておきたいのね。

桜内文雄　四年余りという長きにわたる裁判の感想ですが、昨年九月の東京高裁での最後の意見陳述の一部を再掲してこれに代えます。「訴状及び準備書面において、控訴人は『研究者の名誉』という言葉を何度も繰り返してきた。実は、被控訴人も、分野は違えど博士号を有する研究者である。しかし、訴状及び準備書面を見る限り、控訴人は研究者として最低限の基礎的素養を意味する博士号を取得しているようには見受けられない。控訴人は、偉そうに『資料批判』という研究者らしい言葉を繰り返したが、その実、自らの仮説に都合の良い史料のみをつまみ食いしただけではないか。ましてや、本日、事実審の最後の最後の意見陳述においても嘘と捏造を繰り返すような者は、断じて『研究者』の名に値しない。仮にも『研究者』と称するならば、法廷で嘘と捏造を繰り返し、その歪んだ政治的イデオロギーを訴えるよりも、文献で自らの学説を主張すべきだったのではないか」と。

この裁判は、慰安婦は「性奴隷」であるという虚偽の事実を捏造し、世界中に拡散してきた原告が、「これ（性奴隷）は捏造」との発言を名誉棄損として訴えてきた裁判です。

今回の判決により、日本の司法に「慰安婦は性奴隷である」と認めさせ、日本人の名誉と尊厳を更に傷つけようとした原告らの策謀は挫折しました。

山本　本当にご苦労様でした。この裁判で吉見教授は自分を「慰安婦問題の第一人者」と認識していたそうね。確かに吉見氏の英語版の著書「comfort women」は海外に広まって性奴隷説を広めた。だからこの本の性奴隷説を打ち砕く新たな本を細谷清氏と私の共著で米国で出版するつもりです。

第五章

「慰安婦の真実国民運動」に結集する

橋下発言を契機に「慰安婦の真実国民運動」に結集する

杉田　平成二十五年五月十三日の橋下大阪市長の発言、つまり銃弾が雨霰のごとく飛び交う中で精神的に高ぶっている男の集団に、慰安婦制度は必要だったというのは、戦場の性の問題から厳密に考えて言うと、おかしいですね。もう話したことだけど、そんな危険なところには慰安所は設置されていなかった。またこれに関連して、沖縄米軍基地の高官に、「日本の風俗業を使ってください」と言ったのも、まずかったと思います。

先にも話し合ったと思うけれど、私たち女性がこの発言をしたのなら、問題にしにくかった。男がこの発言をすれば、世の中にさまざまにあるポリティカル・コレクトネスとぶつかる。

橋下さんの発言は、慰安婦が性奴隷＝セックス・スレーブと訳され、日本軍が女性を強制連行して性奴隷にしたというように、世界的に定着している中で、橋下さんは袋叩きに遭った。そして慰安婦制度を現憲法でも設ける話しに曲解されて、女性の人権問題としても、批判された。それでとうとう性風俗業の利用を勧めたことについては、発言を撤回してしまった。

山本　だけどこの橋下発言、先ほども言ったけれど、思わぬ成果があった。

杉田　そう。「新しい歴史教科書をつくる会」が呼びかけて、慰安婦問題に取り組んでいたたくさんの運動団体が結集して「慰安婦の真実国民運動」の結成となったのね。

山本　「つくる会」は五月二十八日、早くも「橋下発言と『従軍慰安婦』問題の本質」という緊急集会を開催して、二十名の人が登壇し、橋下発言への支持を表明して、いわゆる「河野談話」の撤廃を訴えた。

　そして「つくる会」の呼びかけに応じて、九月十日「慰安婦の真実国民運動」は発足した。この発足時に集ったのは、個人を除いて、団体名だけでいうと、当初は「新しい歴史教科書をつくる会」は当然として、調布「史」の会、正しい歴史を伝える会、誇りある日本の会、花時計、英霊の名誉を守り顕彰する会、そよ風、捏造慰安婦問題を糾す日本有志の会、テキサス親爺事務局、史実を世界に発信する会、なでしこアクションだった。

杉田　その後、論破プロジェクト、自由主義史観研究会やその他の団体も入ってきている。ついでながら、現在の構成団体はどうなっているの？

山本　平成二十九年九月一日現在の加盟団体は次のとおり。

アジア自由民主連帯協議会／新しい歴史教科書をつくる会／慰安婦問題の意見書を見直す市民の会／生き証人プロジェクト／英霊の名誉を守り顕彰する会／史実を世界に発信する会／そ

よ風／正しい歴史を伝える会／調布『史』の会／テキサス親父事務局／なでしこアクション／日本時事評論／捏造慰安婦問題を糾す日本有志の会／捏造日本軍「慰安婦」問題の解決をめざす北海道の会／誇りある日本の会／論破プロジェクト

これに間もなく、「不当な日本批判を正す学者の会」も加盟することになっている。

杉田　いろいろな団体が協力し合って力強いわね。

山本　この運動団体ができた当時は、全国の都道府県議会や市町村議会で、慰安婦問題の解決を求める決議が行われていた時でもあった。

それもそうですよね。平成十九年には、アメリカの下院本会議で慰安婦問題に関する対日非難決議が行われるし、韓国では平成二十三年、憲法裁判所で、元慰安婦への補償について韓国政府が日本に賠償を求めないのは憲法違反だという判決を出すし、ソウルの日本大使館前に慰安婦像が設置されるのもこの年。

だから、地方議会の議員さんたち、何も知らなければ、ついついこのような決議に賛成してしまう。

私が平成二十三年に「なでしこアクション」を立ち上げた動機の一つは、第一章でも述べたように、このような無知な地方議会の決議を阻止することだった。

杉田　そうすると「慰安婦の真実国民運動」の立ち上げと動機が重なるわけね。

山本　そう。ここから平成二十五年の年末から平成二十六年の年初にかけて、こうした決議をした議会の議長宛てに、この団体の代表である加瀬英明さんの名前で、見直し、撤回の意見書を送った。

杉田　私の出身の宝塚市の市議会も、平成二十六年九月二十四日、平成二十年三月二十六日付で政府に提出した意見書は決定的な根拠を失ったのを確認し、国はさらに真相を究明し正しい理解を促すことを求めると、新たな決議を行った。

山本　宝塚市議会がそうした決議をした意義は大きい。

杉田　ちょっと常識的に考えれば、強制連行はありえないし、どこの軍隊でも性の問題はありえたし、慰安婦問題は問題として扱うにはいかがわしいということが分かるはずなのに、ここが男性議員の弱いところか、地方議会の議員は男性が多いから、慰安婦問題でその謝罪や保証に関わる決議が提案されると、ついつい賛成していく。

山本　そう。私は平成二十三年二月にその当時の意見書を採択していた三〇の地方議会に質問状を送ったけど、まともに答えられた議会は一つもなかった。そうした決議がいかに根拠のないものか。そして日本国を悪くしていくか。

だから、「慰安婦の真実国民運動」はいかに慰安婦問題が根拠のないものであり、捏造されたものかを説明して、そのような決議が増えていくのを阻止した。

この団体の幹事の一人に「慰安婦問題の意見書を見直す市民の会」の野々田峰寛さんという人がいて、この人が東京西部の三多摩地区で、決議しそうなところはしないように、しているところは撤回するようにする働きかけの生々しい報告を頻繁に行っています。

そして平成二十六年七月、篤志家から資金援助を受けて、ジュネーブの国連人権委員会、こと自由権規約委員会に、今まで左翼、反日派のみの意見がインプットされてきた国連の状況を改善するための第一歩として、私が調査団の団長となって、調査団を派遣した。加わったのは、事務局長として細谷清、団員として関野通夫さんと仙波晃さん。エドワーズ博美さんもいた。それにテキサス親父のトニー・マラーノさんと藤木俊一さん、藤井実彦さん。他にＧＡＨＴ（歴史の真実を求める世界連合会）の目良浩一御夫妻。

そうしたら、国連は左翼の巣窟。左翼の人たちの独断場だということを目の当たりにした。

杉田　ただね、保守系の人で国連に出かけて行ったのは、この「慰安婦の真実国民運動」が初めてであったわけじゃない。この時の事務局長が、この「慰安婦の真実国民運動」の組織ができるずっと以前の平成二十二年五月にジュネーブの児童の権利条約に基づく児童の権利検討委員会に出かけていて、この時は事務局長が岡本明子さんで、会としては「家族の絆を守る会」（会長古賀俊昭都議会議員）として出かけていったみたい。岡本さんは「家族の絆を守る会」というＮＧＯを立ち上げ、国連に取り組み先見の明があった。

山本　私はなでしこアクションを立ち上げる前に、岡本さんにお願いして国連についていろいろ教えていただきました。ともあれ、私たちがジュネーブに行ったとき、左翼の人たちは我が物顔に、風を切って動き回っていた。

それを見て、私たちそのとき行った者はみんな、国連についてあまりにも無知で知らなさ過ぎたと思いました。

国連は不十分な機関です。それに「国連人権委員会」なるものは、あくまでも国連の補助機関です。この国連人権委員会の下には、自由権規約委員会のほか、女子差別撤廃委員会等、いろいろな委員会があります。

委員会は審議してさまざまな勧告を日本政府にします。日本政府はいちいちそれに応えなければなりませんでした。

しかし、各委員会は、それほど日本の情報を持っているわけではありません。だからNGO日本弁護士連合会、部落解放同盟系の反差別国際運動、民団や総連のNGO、ヒューマンライツ・ナウなどの人権NGOなどが提供してくれる情報を丸呑みしてしまうわけですね。だから左翼のNGOが言いたい放題のことを報告するわけです。そしてそれを受けて、日本政府へ勧告や問い合わせが行われるわけですね。

杉田　山本さんが「慰安婦の真実国民運動」の調査団でジュネーブの国連欧州本部に出かける前後のことだけど、日本国内での大きな動きとして平成二十六年二月二十日には、平成五年に「河野談話」を発表した時の石原信雄官房副長官が衆議院予算委員会で「河野談話」の作成の段階で行った韓国の元慰安婦の聞き取り調査は「裏付け調査のないものだった」ことを証言したわね。先ほど話したことだけど、この証言の内容は事実上はすでに知られている事実であったら、国会の公式の場での証言として極めて重要な意味を持った。そして七月の調査団派遣の直後の八月五日と六日、『朝日新聞』が沈黙を続けていた吉田清治の証言は作り話しだったことを三十二年振りに認めた。

橋下発言の後、あまりにもそのバッシングのひどさに、保守陣営も動き出し「慰安婦の真実国民運動」も結成され、今まで知られていなかった国連の実態も明るみになって、『朝日新聞』は観念したのか、吉田清治の嘘の記事を取り消した、という流れになった。

山本 繰り返しになるけれど、ここで言っておかなければならない。「新しい歴史教科書をつくる会」の前会長の杉原さんがよく言うように、ありもしない慰安婦問題を捏造するという〝犯罪〟を犯したのは『朝日新聞』。何しろ吉田清治の慰安婦強制連行の嘘の話しを掲載して三十二年間、それを取り消さなかったのだから。慰安婦問題の正犯はやはり『朝日新聞』。しかし、『朝日新聞』の吉田清治の記事は嘘だということが分かってからも、そして日本の名誉を貶める嘘の情報が世界を駆けめぐっていても、それを是正する責任があるのにも関わらず、これを沈黙して、この嘘の情報が世界に定着するのを見過ごしていたのは、日本の外務省。だから杉原さんは、慰安婦問題には『朝日新聞』という正犯のほかに、外務省が共同正犯として存在しているとしきりに言っているけれど、まさに注目しなければならない発言。

杉田 『朝日新聞』が吉田清治の話しは嘘の話しだと取り消す寸前に、タッチの差で外務省は誤った情報を修正する発言を、国連でしたということね。外務省の名誉としては、かろうじてよかったわね。『朝日新聞』が取り消したのは、平成二十六年の八月の五日と六日。その少し前の七月十五日、慰安婦につき「性奴隷という表現は不適切」と、外務省は国連で言った。『朝日新聞』が取り消した後で、慰安婦問題には嘘があったと言うよりは、メンツの上では幸いね。

ところで、第三章で少し話したことだけど、その外務省の発言のシーンについて、実際に聞いた山本さんの口からもう一度言って。

山本　今回は二八項目の質問が日本政府に向けてなされていました。日本政府の代表は三〇人で、文部科学省や警察庁からも出てきていました。

七月十五日、二八項目のうちの一つ、慰安婦問題に関する日本の立場を回答するわけですが、そこでこのとき、政府側の山中修外務書人権人道課長は、「(委員会からの)質問の中に『性奴隷』という不適切な表現がある」と質問の間違いを指摘したのです。

日本政府が国連で初めて「性奴隷」を否定した瞬間だと言えます。

杉田　それで委員会の委員はどう反応しましたか?

山本　繰り返しになるけれど、まず会場の話しですが、会場から拍手が起こりました。そこで議長がそれまでの先入観から「被害者の女性に関する配慮が足りない」と言って、拍手した人たちをたしなめました。

そしてこの日はこの回答に委員は沈黙したままでした。

杉田　でも、翌日は反論してきたでしょう。だって、この時まで委員たちは、慰安婦は性奴隷だと思い込んでいたんだから。

山本 そう。翌日の検討会で、南アフリカの女性委員が「(一九九三年河野談話の)お詫びで日本は歴史的な事実を真っ向から受け止め、教訓とすることを認めた。それから二十年たった今こそ日本が被害者を慰安婦という遠回しの言い方ではなく『強制的性奴隷』と適切に言うべき」と論じました。しかしこれに対しても、山中修氏は、再度はっきりと「性奴隷という表現は適切ではない」と答えました。

私たちが事前にこの委員も含めて委員全員に性奴隷説が成り立たないとする意見を書いた文書を渡していたんですが、そんなものはまったく意に介さない感じで、なかなか立派なものでした。

杉田 だからと言うべきでしょうか、どうでしょうか。委員会からの最終見解では、やはり、慰安婦を性奴隷とし、日本は完全にそのことを承認し、謝罪をして補償すべきだという勧告だったのね。

山本 最終見解書は七月二十日に出ました。そこで山中さんの発言はまったく無視されたものになりました。しかしそれでも、国連という世界の機関で、慰安婦は性奴隷ではないと明確に言ったのは、大きな成果だと思います。そしてその直後に『朝日新聞』は吉田清治の嘘の記事を三十二年ぶりに取り消したわけ。

杉田　それで、その次の年の七月、あなたと二人で慰安婦は性奴隷ではないという、それぞれ二分間のスピーチ。これは第二章で話し合っているからここでは割愛するけれど、私は「慰安婦の真実国民運動」の要員としてではなくて別途の共同参加で行ったんだけど。

出かけたのは、「慰安婦の真実国民運動」の幹事長の方では岡野俊昭さんが団長、その他は？

山本　私とこの時のＮＧＯの「国際キャリア支援協会」の金子正則さんを含んだ三名。そして「正しい歴史を伝える会」の鈴木京子さんと伊藤純一郎さん。そして論破プロジェクトの藤井実彦さん、テキサス親父事務局藤木俊一さん、その他にエドワーズ博美さんご夫妻、それにカメラマン。記録担当の仙波晃さんだった。

それで、あなたと二人で慰安婦は性奴隷ではないと二分間スピーチをした。

私たちの発言は、委員の方から「世界のメディアで知らされていたのとは反対の意見を初めて聞いた、本当なのか。その証拠を知りたい」という発言があった。

その後委員会（女子差別撤廃委員会）は早くも検討会のまとめを行い、七月三十日、日本政府に対して「委員会は最近の公式声明から『慰安婦の強制連行を証明するものがなかった』との報告を受けた。これについて見解を述べよ」という問い合わせが行われたのね。

そしてこれが平成二十八年二月十六日の女子差別撤廃委員会で杉山晋輔外務審議官は「強制連行」は吉田清治の嘘の話しに基づくものであり、それを掲載した『朝日新聞』はその記事を取り消したことをはっきり述べた。

考えてみると、橋下大阪市長の嘘は言っていないが放言といえる、慰安婦に関する率直な話は「慰安婦の真実国民運動」を結成させて、日本の外交をして、ここまで進化させたことになる、ね。

最近では、この「慰安婦の真実国民運動」は平成二十四年に河村たかし名古屋市長の「南京事件はなかったのではないか」という発言を支持することをきっかけに結成された「南京の真実国民運動」とも合同で会議を開き、力強く運動を展開していますよね。

杉田　そうよね。よく頑張っているよね。

社会をよくするための運動に資金援助を

山本　それにもう一点、言っておかなければならないのは、こうした運動の活動資金を出してくださっている方への感謝の気持ちね。

この平成二十七年七月のジュネーブ訪問には、杉田さんは自前で行かれたわけだけど、私は「慰安婦の真実国民運動」に属していたものは、そこから費用を支援していただいた。

杉田　よかったわね。そうした活動資金がないと運動はできないものね。日本にはこうして社会のために頑張っている運動団体に資金を援助するという文化がないんだけれど、こうして私たちのように一生懸命社会がよくなるように頑張っている人たちがいるのよね。そうした人たちに、少しでもお金に余裕のある人は出して助けていただきたいわよね。もし、私たちが運動していなかったら、外務省だって、いまだ慰安婦は性奴隷ではないということを国連で言わなかったかもしれない。いえ、きっとそうよ。私たちが、そう発言せざるをえないように運動で持っていったというべきなのよ。その点では多くの方に少しでも余裕のある方に、資金援助をお願いしたいわよね。この支援がなければ、私たちは何もできなかった。保守の人で日本を憂いている人は、やはり、支援していかなければならないのよ。

山本　「なでしこアクション」は会員制をとらず寄付金もいただいていませんが、いろいろな人に協力いただいていてとても感謝しています。でもやはり保守系の活動に対してもっともっと支援は必要だと思います。

第三章で述べたことと重なるんだけれど、一般の人たちで、私たちの運動に共感している人

南京事件を疑問だとした
河村たかし名古屋市長

「『河村発言』支持・『南京虐殺』の虚構を撃つ」緊急国民集会

たちね、共感しているけれど、何もしない人があまりにも多いのも事実。というより、そういう支援して下さる方が社会の中ではいかに少数か。特に日本では先ほどもあったように、寄付の文化がなくて、支援が集まりにくい。

私たちの運動に共感しているけれど、だけど運動の真っ只中に入るのは躊躇する。だったら、自分の思いを代わって実現してくれているのだと思って、静かな会員になるか、静かな会員になるのも厭だったら、会費に相当する分だけでも定期的に寄付して欲しい。

だって今は、民主主義の時代でしょう。よい社会を持続させ、よい社会を建設するためには、みんなが努力していかなければならないのよ。「誰かがやってくれるだろう」ではこれからの社会、そして日本という国家はよくなっていかないのよ。

だって、慰安婦問題は、誰もが誰かがやってくれるだろうと思っているうちに、左翼の人たちが国連にせっせと出かけ、そしてアメリカの下院議会でも、対日非難決議をしたじゃない。

私たち、保守が、つまり日本の社会がよくなることを願う私たちが動き出して、やっと左翼の作りあげた嘘の事実を切りさばくことができるようになったじゃない。

杉田　そう、山本さんの言うように、民主主義の時代だから、国民全体が努力していかなければならないのよ。政府にまかしていても、政府自身が国民の世論に負かされて右往左往しているのが実態なのだから。

第一章で述べたけれど、平成二十四年、国会議員にさせていただいて驚いた。なされるべくしてなされていない問題があまりにも多すぎる。やはり、民主主義の時代だから、国民自身がしっかりしなければならない。

山本　だから、自分の思いを自分に代わってやってくれている人たちをしっかり支援してください、ということね（笑）。

でも、本当にそういう時代になっていると思うの。国民は誰か自分に代わって社会をよくしている人に支援するというように。

杉田　つまりはね、私は議員でもあったからよけいによく分かるんだけど、私たち、慰安婦問題を解決しようと思っている者が、国連に直接出かけていって、そこがいかに左翼の独壇場であり、そこから巨大な害毒を日本国内に流し続けていることを発見し、目撃したことはとても重大なことだったということ。慰安婦問題を政府に任せて嘆いているだけでは、何ら解決しないことがよく分かった。放っておくとどんどん悪くなっていくだけ。だから私たち民間人が政府とは別に、立ち上がって闘わなければならないのよ。だから、少しでも経済的にゆとりのある人たちは、私たちのような者に、支援するようにしていただく必要があると思うの。民主主義の時代、国民の務めとも言ってよいのではないいでしょうかね。

第六章　ＧＡＨＴの戦い

グレンデール慰安婦像で日本人立ち上がる

杉田　それでは、山本さんも理事となって奮闘しておられるＧＡＨＴ。その戦いの話しに入っていきましょう。

歴史戦という言葉がありますね。慰安婦問題というのはまさに歴史戦。歴史認識の主張の戦いであると同時に、海外で慰安婦像を利用して反日プロパガンダを推進する韓国・北朝鮮、中国との情報戦争でもあるわけですね。

山本　その意味でこれからお話しする「歴史の真実を求める世界連合会」(The Global Alliance for Historical Truth) つまりＧＡＨＴの果たしてきた役割は、歴史戦に残るものがあると思います。日本の名誉のためにグレンデールの慰安婦像撤去を求めてアメリカで連邦最高裁まで戦い続けたこと。その結果、日本政府がアメリカ連邦最高裁に意見書を出したこと。この意見書は、後で詳しく触れますが、河野談話なんていう昔の一官房長官のただの談話など完全に無効化するほど意義のあるものです。意見書に書いてあることは慰安婦問題についての日本政府の公式見解であり、これまでもの言わずにひたすら謝り続けてきた日本から完全に脱却する内容なのです。

グレンデール裁判年表

年月日	米国連邦裁判所	カリフォルニア州裁判所
2013年		
7月30日	グレンデール市慰安婦像を公園に設置	
2014年		
2月20日	連邦地方裁判所に撤去要求の提訴	
4月13日	フォーブス誌に中傷記事	
4月17日	メイヤーブラウン弁護士事務所撤退	
8月4日	原告敗訴	
9月3日	連邦控訴裁判所に提訴通告	カ州地方裁判所に提訴通告
9月18日		訴状提出
10月	弁護士団再編	
12月7日		第二次修正提訴状提出
2015年		
2月23日		再反論提出
3月13日	控訴裁判所に控訴状提出	
4月29日	抗日連合「意見書」提出	
5月5日		第一審判決：棄却、アンタイスラップ採択
5月20日	KAFC「意見書」提出	
7月10日		アンタイスラップ罰金の審理
8月9日		罰金の確定：15万ドル余
10月26日		州の控訴裁判所に控訴状の提出
2016年		
4月14日		グ市の反論に「再反論」提出
6月7日	控訴裁判所で審理	
8月4日	判決：原告は資格あるが、棄却	
8月9日		控訴裁判所で審理
9月16日	控訴裁判所に再審査請求	
9月26日	日本２団体が「意見書」提出	
10月13日	控訴裁判所再審査却下	
11月23日		控訴裁判所判決、上告を棄却
12月15日		控訴裁判所に再審査請求
12月23日		控訴裁判所が再審査棄却
2017年		
1月10日	最高裁判所に再審理請願	
1月23日	最高裁判所、申請書受理	
2月22日	日本政府が「意見書」を提出	
2月22日	グ市が反論提出	
3月10日		グ市、控訴時のアンタイスラップ罰金請求
3月27日	最高裁判所、再審理請求却下	
4月21日		罰金請求への反論提出
5月4日		罰金ににについての審理開廷、13万ドル余決定
8月17日		罰金支払い完了

作成：GAHT-US Corporation

杉田　私も議員時代からＧＡＨＴを応援してきました。山本さんはＧＡＨＴ設立当時から理事でしたよね。

山本　はい、そうです。ＧＡＨＴが出来るきっかけとなったのが米国カルフォルニア州グレンデールの慰安婦像です。これが韓国内は別として海外で初めての慰安婦像だったんです。二〇一三年七月九日に市議会で像設置が採択されようとしました。このとき、市議会に日本人及び日系人が大勢詰めかけて、反対意見を表明したのです。

杉田　海外ではもの言わず主張せずと言われる日本人ですが、これは異例のことですね。

山本　そうなんです。市議会では像設置反対の声が圧倒的多数でしたが、像を提案した韓国系団体の根回しが効いていて、出来レース。最初から慰安婦像設置の結果は決まっていました。

杉田　アメリカの正義と公正はどこに行ったのか、と思います。日本人の懸命の訴えにもかかわらず、ある市議は日本人に対し「日本政府の出先（総領事館）は、君たちの意見を支持していないじゃないか」と発言したそうですね。また、別の市議は「多くの女性を慰安婦にした。恥を知れ」とも。

山本　ええ、そうです。私は市議会の中継を見ていて本当に悔しかった。母国の名誉のために市議会に集まった日本人や日系人はどんなに悔しかったことでしょう。この時反対のスピーチをした人の中に、その後ＧＡＨＴを設立して代表となる目良浩一氏と奥様もいました。

杉田　この二〇一三年七月九日は、日本人屈辱の日であり、反撃開始の日ですね。グレンデール慰安婦像をきっかけにＧＡＨＴが立ち上がったのですね。この後、米国各地、カナダ、オーストラリア、ヨーロッパ世界各地で慰安婦像が建とうとしたとき、現地の日本人が集まってグループを作り反対運動をするようになりましたよね。

山本　グレンデールに像が設置されようとしたとき、日本政府はどうだったか。設置計画が浮上した二〇一三年の三月ごろから私は像計画について保守系の議員にいつもＦＡＸ情報を送っていました。

保守系の議員さんたちは非常に関心をもって下さいました。ただ、七月に参議院選挙がありました。選挙があると政治は全てそちらの方に向いてしまうので、像阻止の政府の動きも弱かったはずです。当時外務省は「慰安婦問題は外交問題にしない」と言って積極的に動こうとしません。

慰安婦像の写真

杉田　グレンデールの慰安婦像は市の公園に設置され七月三十日に派手な除幕式が行われましたね。七月三十日は二〇〇七年に米国下院で日本軍慰安婦決議一二一号が可決された日。そういう日にうまく合わせて盛り上げるのは敵ながら上手いですよね。

グレンデール慰安婦像　碑文

「私は日本軍の性奴隷でした」

＊掻き乱された髪は、日本帝国軍によって家から強引に連れ去られている少女を象徴しています。

＊握りこぶしは、正義の回復のための堅い決意を表しています。

＊裸足でかかとの着いていない足は、冷たく無理解な世界によってずっと見捨てら

れていることを表しています。
＊少女の肩に止まった鳥は、私たちと亡くなった犠牲者との絆を象徴しています。
＊空いている椅子は、正義をいまだ証言していない高齢で死を迎えている生存者を象徴しています。
＊少女の影はその少女と年老いたお婆さんで、無言のまま費やされた時間の経過を象徴しています。
＊影の中の蝶は、犠牲者がある日彼らの謝罪を受け取って甦るかもしれないという希望を表現しています。

平和記念碑

１９３２年から１９４５年の間に日本帝国軍によって強制的に性奴隷状態にされた２０万人以上の韓国・中国・台湾・日本・フィリピン・タイ・ベトナム・マレーシア・東チモール・インドネシアの故郷から移送されたアジアとオランダの女性を記念して。

そして、日本政府がこれらの犯罪の歴史的責任を受け入れることを勧告する、２００７年7月３０日の合衆国議会による下院決議１２１号の通過と、２０１２年7月３０日のグランデール市による「慰安婦の日」の宣言を祝して。

この不当な人権侵害が決して繰り返されないことが、私たちの偽らざる願いです。

2013年7月30日

山本 問題なのは、この碑文は議会では承認しておらず、除幕されて初めて分かったものです。像自体も韓国ソウルの日本大使館前に建っている像と同じで問題なのですが、碑文が酷いのです。「私は日本軍の性奴隷でした」からはじまります。「平和記念碑」と書いてありますが、慰安婦は「日本帝国軍によって強制的に性奴隷状態にされた20万人以上」の女性だったとして日本政府に対して「これらの犯罪の歴史的責任を受け入れることを勧告」しています。一地方政府が日本という国の政府に対して「犯罪の責任を受け入れることを勧告する」なんて全くおかしい。そんな文が刻まれていたのです。

杉田 像設置後の十二月に、私もその時の日本維新の衆議院議員の西田譲氏、中丸啓氏と一緒にグレンデールを訪問しました。「少女像は日本の名誉を傷つけている」と訴え、撤去を要請しました。日本から地方議員団も訪問したり、千通以上の反対の手紙やメールが送られたり、民間でのさまざまな反対運動がありましたね。

山本 いろんな働きかけがあったけど撤去には至りませんでした。そこで、二〇一四年二月に連邦地方裁判所にグレンデール慰安婦像撤去を求めて提訴したのがＧＡＨＴです。この時、日

目良浩一氏

GAHT目良浩一代表　プロフィール

一九三三年ソウル生まれ。東京大学工学部卒、同大学院終了、ハーバード大学で博士号取得、ハーバード大学助教授、筑波大学教授、南カリフォルニア大学教授などを歴任。経済・国際経営・公共経営を講義。世界銀行と開発国の都市開発に協力。米国在住。
最近の著書：「マッカーサーの呪いから目覚めよ日本人!」2012/12　桜の花出版
Whose Back Was Stabbed? FDR's Secret War on JAPAN,Hamilton Books 2017

本と米国の両方にＧＡＨＴが設立されました。代表の目良浩一さんはこのときすでに八十歳。普通ならとっくに引退してのんびり暮らしているお年ですが、目良さんにとっては、この時からＧＡＨＴの司法での戦いが始まりました。なでしこアクション代表として「慰安婦問題一筋！」に取り組んできた私山本は、何かのお役に立てればとＧＡＨＴの役員を引き受けました。

アメリカでの歴史戦開始

山本　私の最初の仕事は、提訴の翌月平成二十六年（二〇一四年）三月十一日に議員会館で開催した「慰安婦像撤去訴訟 帰国報告会」です。目良代表らが日本に来て裁判を報告する会です。これがＧＡＨＴの初めての集会でした。三〇〇人収容の大会議室を予約したと連絡を受けたのがその一週間前。確認すると会議室予約したのみで、準備は何も進んでいません。GAHT関係者は殆ど米国在住で、日本側で集会の準備をするのは実質私一人。それもその時私はたまたま私用で海外におりましたので、どうなるかと思いましたが、ともかく帰国して直ぐに準備に取り掛かりました。

集会主催をした経験のある方にはお分かりになると思いますが、一週間の準備期間で組織動員なく三〇〇人参加者を集めるというのはかなり大変なことです。当日滞りなく進行するように細かい準備、段取りも必要です。

当日は三〇〇人を上回る沢山の方が来てくださいました。ほっとしました。国会議員その当時の日本維新の会から八名、自民党からも三名が参加してくださいました。最初の集会はとりあえず大成功。

杉田　やはり、日本維新の会は燃えていたのね。その時の出席メンバーは後に全員が次世代の党所属となりますが。私もその集会で登壇させていただきました。アメリカにまで広まった捏造の慰安婦問題、河野談話や反日自虐歴史観に縛られている日本に危機感を持つ国民が非常に多かった。民間人が米国での訴訟という、これまで誰もできなかった手段も出たことに対する関心と期待を強く感じました。

山本　裁判には資金も必要だし、頭も使います。その上政治や歴史にも絡む裁判なのでいろんな方面からの妨害もあります。提訴から二か月後には弁護士事務所に中華系からの圧力がかかり弁護士事務所を変えざるを得ない事態も起きました。つまり、中華系は財力を使って公正な裁判を妨げるのね。

杉田　ＧＡＨＴはまさに歴史戦真っ只中で戦ったのですね。アメリカ国内では中国系・韓国系団体との戦いもありますが、慰安婦像に賛成する日系人団体も一部ありましたね。グレンデール訪問時、私もそういう団体の日系人に会いました。日系人といっても日本語も読めず日本の歴史も知らない人たちです。事実関係も理解しないまま中韓団体と一緒になって慰安婦像を支持し、ＧＡＨＴに反対していました。考えられないことですよね。

山本　裁判ではアメリカ人の歴史観との戦いでもありました。裁判所の判事まで頭の中が「日本が悪いことをした」が当然のように刷り込まれています。だからグレンデールの碑文に「性奴隷」と書いてあることに対しての反論、議論まで入れないのです。だって判事にとってはすでに完全に刷り込まれていて、日本が悪いことをしたというのは疑う余地のない当然のことですから。「慰安婦＝性奴隷」を否定する奴らなんてとんでもない、ということなのです。

杉田　先ほどの慰安婦像に賛成する日系人のことも含めて考えてみると、戦後、日本政府は、日本の名誉を守るために何もしてこなかった。そのために、今日の惨状がある。でもね、改めて振り返ってみれば、裁判ではグレンデール市側の性奴隷の根拠は裁判の最初から最後まで、河野談話と米国下院決議１２１号だけ。日本ではもう通用しなくなっているものを「これが証拠だ！」って出していたそうですね。

山本 そうした状況を打ち破るために、裁判という手法は有効だった。彼らの言っていることをはっきりさせ、そしてそれに証拠を持って反論していけるわけですから。でもね、裁判も、簡単なことではありませんでした。

裁判は連邦裁判所とカルフォルニア州の両方で戦ったのですが、敗訴が続きました。これは大変なことなのです。ＧＡＨＴは寄付金で運営しています。たくさんの皆様から寄付金と応援・励ましメッセージをいただき、本当に有難かったです。でもご存知のように米国は弁護士費用がとても高く、裁判に関わる費用も嵩み、アンタイスラップという罰金まで科せられて資金が足りなくなりました。

杉田 目良代表は当時お住まいだったご自宅を売却してかなり負担されているそうですね。

山本 厳しい裁判が続く中でも、日本と米国で集会や会見を開いて関心が継続するように頑張りました。それだけでなく、平成二十六年（二〇一四年）七月には目良ご夫妻はスイス・ジュネーブの国連本部で行われた自由権規約委員会にも参加し、会議場で慰安婦問題の資料を配布しました。このとき私は慰安婦の真実国民運動の団長として現地で合流し、行動を共にしました。平成二十七年（二〇一五年）三月にはニューヨークのホテルで記者会見を開き、次の年の平成二十八年（二〇一六年）三月には同じニューヨークで国連の女性の地位委員会のＮＧＯイベントをＧＡＨＴ主催で開催しました。

杉田　タイトルは「誤解される慰安婦(Misunderstood Comfort Women)」で、私もプレゼンテーションしました。このとき、参加者に我々に対し反対意見をもつ人たちが大勢押しかけ、会場は大騒ぎ。アメリカで慰安婦問題について発言する難しさを体験しました。

山本　翌週になでしこアクション主催でＮＧＯイベントを開催しました。タイトルは「紛争下の女性の人権 - 女性を尊重する日本の取組（Women's Rights under Armed Conflicts-Japan's Approach to Respect Women)」この時もＧＡＨＴとして目良代表が登壇してくださいました。

杉田　ＧＡＨＴはブラジルにも遠征して現地の日系人と交流されているそうですね。日本文化紹介を目的とした日系団体はこれまでもありましたが、日本の名誉の為に歴史認識や政治にかかわる活動を海外でする日本の団体はこれまでなかったはずです。その意味でGAHTが先頭に立ってきた。

山本　反日活動が海外にまで広がった影響で、日本国内だけでなく海外在住の日本人も目覚めはじめた。ある意味、中韓のやりすぎのお蔭とも言えます。なでしこアクションでも海外に慰安婦碑計画が浮上したとき、必ずと言っていいほど現地での協力者が出てきてくれます。

杉田　GAHTの役員には加瀬英明さんや、藤岡信勝さん、藤井厳喜さんらの著名な方々がいらっしゃいますね。

山本　活動にあたってこれらの方々からアドバイスいただきとても助かりました。でも実務的なことは本当に少人数で動いています。国会議員や外務省、領事館、民間団体への働きかけもたくさんしました。必ずしもうまく運ぶことばかりではありませんでした。

杉田　そんなときもいつも明るく元気にGAHTを支えてくれたのが目良夫人ですね。奥様の内助の功があったからこそGAHTも続いたのでしょうね。「内助の功」は私たちも見習わなくてはいけないですね（笑）。

最後まで戦う！　アメリカ連邦最高裁へ

山本　裁判で敗訴が続き、資金も充分でなくなりました。普通ならここで嫌になって諦めたくなるところですが、裁判の終盤からの粘りと気迫が凄かった。

弁護士費用を節約してできることはすべて自分たちでやろう、ということになりました。裁判所に提出する請願書や資料を自分たちで原案を作成。前例がないことでお手本もありません。もちろんどうしても弁護士が必要な部分もありましたが、他は本当にGAHT自力でやったのです。

これは目良代表の経験と知識、理事の細谷清さんのビジネスマン時代の実務経験を生かしてこそできたことです。もちろん周りのサポートもあったからこそ。例えば日本の民間団体からGAHTを支持する意見書が三通出されました。これは性奴隷説に対する立派な英文反論書になっています。

この頃はGAHT関係者では資料やデータのやりとりでメールが一日に何十通も行きかいました。アメリカと日本は昼夜逆ですが、なるべく早くメール返信するために、二十四時間営業状態でした。

二〇一六年十二月十五日、カルフォルニア州控訴裁判所にGAHT手作りの再審査請求書を

連邦最高裁へ請願を提出。左より山本氏・目良氏・細谷氏。

提出しました。手作りというのは文書作成に加え、プリント、ホチキス止めをして製本まで手作業でやって、目良代表と細谷さんが裁判所に持参して提出したのです。

杉田　そうして大変なご苦労で提出した請求も十二月二十三日には棄却されてしまったのですね。最後の可能性は米国連邦最高裁となった。ただ連邦最高裁に出される請願件数は年間何千件もあり、出しても受理されるのはほんの数パーセントだそうですね。

山本　はい、でも「可能性があるならば最後まで、やりつくそう！」と。提出期限は二〇一七年一月十一日。年末年始返上で準備しました。

日系人や日本人の民間人が連邦最高裁に請願を出したのはこれが初めてかもしれません。前例がなく、資金も充分なく、手探りでした。最高裁に出すにはさすがに手作り製本ではなく、専門の業者に発注しなくてはなりません。そういうこともやって初めて分かったことです。ギリギリまでいろんな難関がありましたが、どうにかクリア。期限の前日の一月十日、目良ご夫妻、細谷さんに私も同行し、ワシントンＤＣを訪問して連邦最高裁に再審理請願書を提出しました。曇り空のとても冷える日でした。でもキンと冷たい空気が気持ちよかった。

杉田　最高裁に提出はしても、受理されるのは数パーセント。強力な後押しが必要です。それが第三者意見書ですね。

山本　ＧＡＨＴは裁判でグレンデールの慰安婦像の撤去を求める理由として、

①同盟国日本に対しての謂われなき非難は安保条約前文違反・米国憲法違反

②慰安婦問題は日米韓国間での外交問題で市は介入できない

③市による慰安婦像の設置は米国憲法に規定する外交権の連邦政府専管条項を侵害する

④像の設置は米国の慰安婦問題に関する外交方針と不一致

を主張してきました。

ですので、日本政府からの原告ＧＡＨＴを支持する第三者意見書が出れば強い後押しになるのです。

杉田　日本政府の公式見解として米最高裁を通じて発信するチャンスでもありますね。米国で公式記録に残りますし。

逆に、最後まで日本政府が沈黙を貫いたら、これまでの裁判の結果も認めてしまうことになります。反論せずに沈黙することは認めることですから。

山本　ワシントンの最高裁から日本に戻ってからは、資料をもって外務省や議員に日本政府から意見書を出してくれないかとお願いに回りました。たまたま中山恭子先生（参議院議員）のCS番組に私がゲストでお招きいただき、日本政府意見書の必要性についてお話ししたところ、中山先生も本当に親身になって協力してくださいました。

杉田　必要性が理解されたとしても、日本政府が米国最高裁に意見書を出すというのは異例のこと、簡単に実現するものではないでしょう。

山本　私も心の中では半分諦めていました。ところが、二月二十二日に日本政府が意見書を出したのです。びっくりしました。かなり上の方での判断だろうと想像しますが、誰が最終的にGOの指示を出したのかは私もわかりません。

もっと驚いたのは最初にその意見書を読んだ時です。読んだ時は、これ本当に日本政府が出したのかと表紙の提出者名を再確認したほどです。数年前まで、慰安婦問題ついては沈黙か、何か言ったとしても謝罪ばかりで、外交政治問題にしないって言っていたのに、ここまで日本政府は言えるようになったんだ、と。

これまでの苦労が吹き飛ぶくらい感動しました。素晴らしい内容です。

請願人（目良・ＧＡＨＴ）を支持する日本政府の意見書（２０１７・２・22米国連邦最高裁判所に提出）

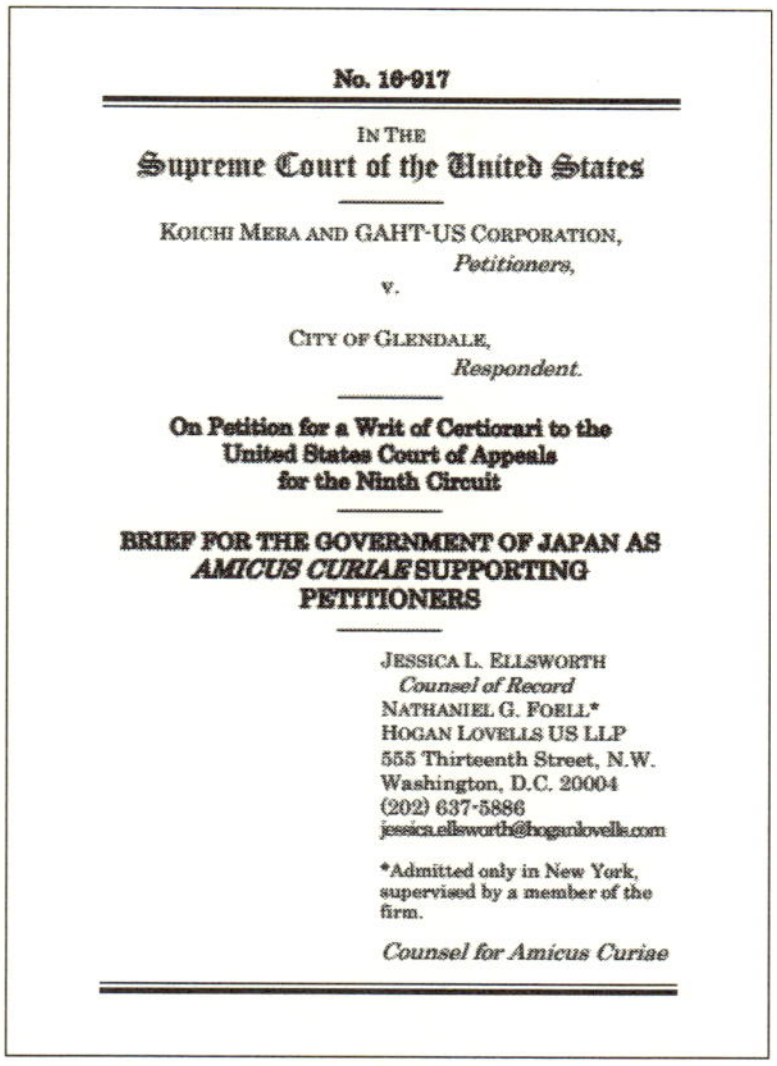
No. 16-917

IN THE
Supreme Court of the United States

KOICHI MERA AND GAHT-US CORPORATION,
Petitioners,
v.
CITY OF GLENDALE,
Respondent.

On Petition for a Writ of Certiorari to the United States Court of Appeals for the Ninth Circuit

BRIEF FOR THE GOVERNMENT OF JAPAN AS *AMICUS CURIAE* SUPPORTING PETITIONERS

JESSICA L. ELLSWORTH
Counsel of Record
NATHANIEL G. FOELL*
HOGAN LOVELLS US LLP
555 Thirteenth Street, N.W.
Washington, D.C. 20004
(202) 637-5886
jessica.ellsworth@hoganlovells.com

*Admitted only in New York, supervised by a member of the firm.

Counsel for Amicus Curiae

日本政府　米国連邦最高裁判所への意見書

要約

・慰安婦問題は、像設置の２０１３年７月以前から日米韓での解決すべき外交課題で、グレンデール市が主張するような人権問題ではない

・控訴裁判決は問題があり、最高裁で審理されるべきである

・強制連行・性奴隷／20万人等は

事実誤認である。日本政府は国連等の公式な場でも何度も否定している。
・グレンデール市の様な地方政府に米国憲法は表現の自由は保証していない
・問題は日米韓の安保・経済に絡む敏感な外交課題
・日米韓3ヶ国は本件の解決に向けて努力している。
・米国の主張は一つであるべき、地方政府が口出しして邪魔すべきでない

外交権に関しての主張（抄訳）

「日本にとり何にも増して重要な事は、州やグレンデール市の様な地方都市自身が特にこの慰安婦問題の様な敏感な外交問題に首を突っ込まない事であり、その為に州・市は米国がその外交方針作成に於いて発信せねばならない統一的メッセージを害せない事である。」

結論

上記より、請願は認められるべきである。

山本　これこそが日本政府の最新の公式見解です。河野談話なんて吹っ飛びます。この意見書は英文で裁判用の請願文書になっているので、ＧＡＨＴで日英対訳と解説を纏めた冊子を作成し頒布しています。是非一家に一冊くらい普及してほしいです。少なくとも法学部の学生は一冊持っていてほしい。宣伝のようになるけれど、詳細はこちら　https://gahtjp.org/?p=1673

杉田　遠慮することはないわよ。この資料の紹介のことで、今年（平成二十九年）五月八日のチャンネル桜の放送で、大高未貴さんと前田有一さんと、コメンテーターの馬渕睦夫さんといっしょに、山本さんと細谷さんが出て、この資料の作成の苦労話をしていたわね、私も見た。

山本　ありがとうございます。ＧＡＨＴのホームページで再録されています。

杉田　外務省で翻訳しないというから、細谷さんがしゃかりきになって翻訳したんですってね。でも何故外務省が日本語訳を出さなかったのでしょう。裁判に余り関わっていなかったから翻訳できなかったのか、それとも単に面倒な仕事を増やしたくなかったのでしょうか。

山本　この意見書は、アメリカの弁護士が書いたもので、法廷用語がたくさん出ていて、訳すのに困難がともなうのは確かです。

まあ、ここは外務省が翻訳の栄誉もＧＡＨＴに譲ってくれたということにしておきましょう。

杉田　なるほど。外務省もなかなか気が利きますね。

山本　これは先ほども言いましたが、かの河野談話を事実上吹き飛ばしたような文書です。河野談話のことについて直接には何も言っていないけれど、慰安婦問題について、現時点の、日本政府の正式な見解が述べられているものです。

杉田　最高裁では、訴えが棄却され、この意見書は裁判そのものでは、直接には役立たなかったけれど、現時点の日本政府の正式な見解として、今後、慰安婦問題で何かにつけて使うことができる。慰安婦問題に取り組んでいる人は、ぜひとも一度は目を通しておくべき文書ね。

山本　ＧＡＨＴのホームページを見ていただければ、購入できます。

杉田　私は、この意見書は、今回の裁判で直截には役に立たなかったけれど、政府が意見書を出したということに大きな意義があると思うの。

慰安婦問題は、日本は、世界から何を言われても黙っていた。謝罪をするばかりで、中身の是非については黙っていた。その日本政府がきちんと言うべきことを言うようになったのだからすごい！

先ほど山本さんは、この意見書を出すことを決定した人は分からないと言っていたけれど、今回の意見書の提出は、日本も言うべき時には言うということで、新しい日本の姿を示したことになる。ＧＡＨＴの功績は実に大きい。

山本　理解していただいて嬉しいです。

杉田　目良さんもよく頑張りましたよね。

これからの取り組み

山本　三月二十七日、ＧＡＨＴが最高裁に出した再審理請求は却下されました。請願許可の数パーセントの中に入ることはできませんでした。とても残念です。

でも、二〇一三年七月のグレンデールに慰安婦像が設置され、二〇一四年二月にＧＡＨＴが立ち上がり、二〇一七年三月最高裁で終わるまでの間に、慰安婦問題について日本人の意識と日本政府の対応は大きく変わりました。ＧＡＨＴ裁判がある意味、海外での慰安婦像設置阻止の歯止めになっていました。というのは海外（韓国外）の公有地で慰安婦像設置は、グレンデール以来止まる傾向になっていたのです。

杉田　でも、韓国は違います。平成二十七年十二月二十八日の日韓合意に反発する韓国系団体は慰安婦像設置運動を止めようとしません。中華系団体も慰安婦問題に参入しています。本年（平成二十九年）五月に韓国に左派政権が発足し日韓合意もどうなるか分かりません。日本側だけが約束を守って一〇億円を拠出し韓国に癒し財団ができましたが、それもどうなるか。ソウルの日本大使館前と釜山日本領事館前の像の撤去はまったく進んでいません。

山本　韓国は相変わらずですが、私はアメリカ国内が変わってきたと感じます。二〇一七年六月末にジョージア州のブルックヘブン市の公園に慰安婦像が設置されました。この設置の経緯もあまりにも早急、いい加減でおかしいのですが、これに関するニュースや、ニュースへの一般市民のコメントが数年前とは変わってきました。平和・女性の人権、人身売買撲滅、悲劇を繰り返さない、などの麗しい言葉に騙されていません。「米国には慰安婦は関係ない、像は必要ない」「そんな記念碑を建てたら、他の国の被害者の記念碑も立てなくちゃいけないじゃないか」「慰安婦を支援する挺対協は北朝鮮と関係がある」「慰安婦像を建てることはミサイルを放ちアメリカ人青年を拉致して死に至らしめた北朝鮮を支持することになる」「慰安婦像を認めることはアメリカが仲を取り持った日韓合意を邪魔することになる」「人身売買撲滅といいながら、ブルックヘブン市は違法ストリップクラブの営業を認めているのはおかしいだろう」など。

杉田　中韓団体の反日活動のやりすぎで日本人も目覚めましたが、アメリカ人でも関心を持つ人は慰安婦像がただの人権平和像でないことが分かってきたのですね。
海外にも広まった慰安婦問題は、ある意味、もの言わず我慢してきた日本人を目覚めさせ、次の世代のために日本の名誉を回復しようと具体的に行動する、反撃する日本人になる覚醒の効果があったと言えるかもしれませんね。

山本　二〇一七年三月二十七日最高裁で請願却下が決まった時の目良代表の声明です。これもGAHTのホームページに出ていますね。

目良浩一代表　我々の日本と日本人の名誉を守るために努力を続ける意思は変わりません。米国において、ヨーロッパにおいて、そして、国連やその他の地域において成すべきことは、山積しています。問題は、慰安婦だけではありません。様々な方法で、日本と日本人の名誉を傷つけ、日米関係を離反させ、日本国を孤立させ、又は、消滅させようとする動きに対して断固として、抵抗してゆく積りです

目良代表は今八十四歳。この意志の強さは尊敬します。後に続く人、一緒に進む人が増えて

いくことを願います。

第七章　慰安婦に火をつける男たち

これがアメリカ軍の性的暴行の実態だ

杉田　ここから、戦場と性の問題の実際の問題、現実の問題を話し合っていきましょう。山本さん、この軍隊と性の問題で面白い雑誌記事を見つけていると言ってたわよね。

山本　そう。『ＷｉＬＬ』の平成二十五年八月号に青山大学教授の福井義高さんが「衝撃の米国防総省『性犯罪報告』」という記事ね。二〇一三年に国防省が報告した「二〇一二年度国防省内性的暴行年次報告」という報告書に関する記事ね。

杉田　つまり、二〇一二年に起きたアメリカ軍内の性にかかわる事件の報告ね。

山本　それによると、二〇一二年度（二〇一一年十月〜二〇一二年九月）の一年間で、加害者、被害者、あるいは両者が現役男女米軍人であった性的暴行報告件数が三三七四件、被害者数は三六〇四人に上る。このうちアメリカ軍人の被害者は二九四九人、残りの六五五人が軍人以外の民間人の被害者だったというの。

杉田　そのうち、審理の対象にならなかったものと審理の対象となったものとがある？

山本　そう。被害報告は大きく二つに分けられ、三三七四件のうち八一六件は、被害者の希望によって、「制限付報告」として正式な審理の対象とならない。実際に審理の対象になるのは二五五八件、被害者数二七八八人で、その内訳は米軍人被害が一九八五件で、その中で女性だけ見ると、一七三八件で、意外というか当然というか、その他にも男性の被害者もいる。民間人被害が五七三件、六二二人だった。

しかしね、この時の大統領オバマやアメリカ社会に衝撃を与えたのは、こうした実際に報告された件数の多寡以上に、報告されなかった事例も含めたアンケート調査に基づいて示された推計結果でした。それによれば、現役軍人一四〇万人のうち、過去一年間に二万六〇〇〇人が性的暴行を受け、女性軍人二〇万人に限れば、二〇一〇年度より三割以上増えて、被害者数は一万二〇〇〇人に及ぶ。したがって「無制限報告」した女性軍人一八五二人は、実際被害を受けたうちの一五パーセントに過ぎないことになります。

杉田　それがこの表ね。

山本　そう。福井氏が示している表で、一部は福井さんの推計が入っていると書いてある。

米軍性的暴行数（２０１２年）

	合計	男性軍人	女性軍人	民間人
米軍実人員	１４０万	１１９万５０００	20万４００	
推定被害者数	２万６０００	１万４０００	１万２０００	
報告被害者数	３６００	４００	２５００	７００
審理対象被害者数	２８００	３００	１９００	６００
うち強姦被害者数	７００	＊	５００	２００

＊２０１２年の強姦定義変更で10名の男性被害者が報告されている

国防省統計に基づき、福井氏の推計

杉田　ふーん。これがオバマ大統領を激怒させたというの？

山本　この表だけではよく分からないですよね。次の表の方が分かりやすい。

日米強姦件数比較（米軍２０１２年、日本２０１２年、米国２０１１年）

男性10万人当たり強姦加害件数	
米軍	53
うち被害者民間人	17
米国13~59歳	80
日本14~59歳	3・3

女性10万人当たり強姦被害件数	
米軍16~34歳	２５３
うち加害者軍人	２１２
米国0~34歳	１０１
日本0~39歳	4・3

人口10万人当たり強姦件数	
米国	１１４
日本	2・7

米軍は国防省、米国は司法省、ＦＢＩおよびセンサス局、日本は警察庁および総務省の統計に基づき、一部福井氏の推計

これは、人口構成が違うから、全人口の中で比較するのはまずいとして、強姦加害者はアメリカは十三歳から五十九歳まで、日本は十四歳から五十九歳までとして、同じ年齢層で比較したわけね。そうするとアメリカでは、一〇万人当たり、八〇件ほどの強姦事件を引き起こしている。それに対して日本では同じ年齢層で見て、三・三件。断トツに日本の方が低いよね。それにこの一〇万人当たりの八〇件は、軍隊内部の五三件より多いわけだから、軍隊の外の方がもっと危険だということになる。

これを被害者の女性の立場から見ると、アメリカは女性一〇万人当たり一〇一件、日本は四・三件、これも日本の方が断トツに低い。でも被害者の女性の立場に立てば、軍隊内部と軍人によって強姦されるのは二一二件で、一般社会でよりも二倍になっている。

杉田　だとしたら、オバマ大統領が怒るのも当然ね。アメリカ軍は精強で、規律のある軍隊だと言われているのに、これでは形なしね。
だから、橋下さんが、沖縄の米軍基地の人に風俗業を利用してくださいというのは、ますます正しいじゃない。

山本　そうよ。

杉田　なのに、七十年以上も前の日本軍の慰安婦の問題、どこが問題になるのよ。あの時の日本軍は、今と違って本当に生命を懸けて戦っていたのよ。明日死ぬかもしれないという状況の中にあったのよ。だったら、橋下さんが言ったように、銃弾が飛び交う中で、命懸けて、精神的に高ぶっている男たち、そこに女性の慰安を求めるのは当然じゃない。慰安婦がいなかったら犯罪を犯してしまう。

山本　そう。アメリカ兵には軍隊と直接関係する慰安施設がなかったけれど、そのために、場合によっては「性」にまつわる事件が多発した。
　この福井氏の記事で紹介されているんだけど、ロバート・リリーという人が書いた『力ずくで』(Taken by Force 2007)という本によれば、一九四五年一月から九月までの間、アメリカ兵に強姦されたドイツ人女性は五〇〇〇ないし一万人だという。

杉田　もっとひどかったのは、東ドイツに入ってきたソ連兵ね。それが兵士の不祥事ではなく、軍が組織として認める強姦ね。これが歴史上最もひどい軍の強姦事件だと言われているよね。そして、終戦末期に、ソ連軍が満州に入ってきて、日本の女性を手当たり次第に犯した。そのため、引き揚げ者は、日本に着くと堕胎手術を受けなければならない者が数えきれないほど出た。
　ついでに言えば、朝鮮半島で、半島の人に犯された女性もいくらでもいる。そんな状況があったのに、その時に、慰安施設があってその衛生管理に軍が手を貸したのを、何で問題にしなければいけないのよ、ね。

山本　慰安施設のことでいえば、先ほどの福井氏の記事に面白いことが出ている。ジャイルズ・マクドノーの書いた『ドイツ崩壊後』(After the Reich)に出ているんだそうだけど、ドイツを攻めたアメリカ軍では、ドイツが降伏するとかえって強姦事件は減ったというの。なぜか分かる？

杉田　何でしょう？

山本　ドイツの若い女性が食べ物やタバコと引き換えに売春をするようになったからだ、と。

杉田　なるほど。だとすると日本軍のための慰安婦施設は、衛生管理はきちんとしていたし、望まない妊娠も避けられ、周辺の秩序を壊さず、戦場の性を解決する合理的な施設だったということになるよね。

それを、平成五年中央大学教授吉見義明氏が、軍が関与したとして問題にした。

山本　軍が良い意味で関与したにすぎないのにね。

慰安婦問題を作り演じた大立て者

杉田　ここから、慰安婦問題の歴史を振り返って、いわば慰安婦問題を作り、演じた立役者、大立者について論じていきましょうよ。

歴史としていえば、元毎日新聞記者の千田夏光という人が、昭和四十八年、女子挺身隊と慰安婦を混同して慰安婦の強制連行があったかのように記述した本が出た。「従軍慰安婦」という言葉はこの本が初めてではないけれど、この本によって一般に使われるようになった。でもこの時はそれほど問題にならなかった。

山本　やはり本格的に問題になるのは、昭和五十七年、若い朝鮮人女性を「狩り出した」という嘘の体験を話した吉田清治の講演記事を掲載したことね。そして翌年『私の戦争犯罪』という本を出版した。

そして平成三年、朝日新聞の記者植村隆氏が『「女子挺身隊」の名で戦場に連行された」と、元慰安婦の供述をソウル発で掲載、そして同年、元慰安婦三人が日本政府を相手に補償や謝罪を求めて東京地裁に提訴した。

杉田　そのように推移していた時に、平成四年一月十一日、先ほど言った中央大学教授の吉見義明氏が防衛研究所図書館にあった資料から、慰安所について「軍関与の資料」が見つかったと『朝日新聞』が報道した。歴史研究家の秦郁彦氏によると、この資料はすでに知られているもので、特に取り上げるほどのものではなかった。

それもそのはずよ。軍の関与といっても、先ほど述べたように、衛生管理とか、慰安婦たちの安全を守り、苛酷な状況にならないようにするための関与だったのだから。

山本　だけど、慰安婦の強制連行が吉田清治らによって定着している状況の下では、あたかも軍が強制連行にかかわり、そのための証拠のような印象を与えることになった。事実『朝日新聞』はそのような印象になるように報じた。はっきりとした印象操作よね。

この朝日報道があって五日後、一月十六日から十七日にかけて韓国を訪問した宮沢喜一首相は、本当に日本軍が強制連行にかかわったと思い、時の韓国大統領盧泰愚に八回も謝罪した。

でもね、この同じ年の平成四年、産経新聞社の雑誌『正論』六月号で、秦郁彦氏が吉田清治が慰安婦狩りをしたと言った済州島に実地調査に行って、吉田清治の話しはまったくの作り話しであったことを明らかにした。

吉見義明氏

にもかかわらずね、翌年の平成五年、河野洋平官房長官がいわゆる「河野談話」を発表し、事実上、慰安婦募集の強制性を認めてしまった。日本側の資料調査は慰安婦の強制連行を指すものは見つからなかったというのにね。

杉田　そのころの国外でのことだけど、平成四年の二月、日本の国内では分からなかったけれど、弁護士の戸塚悦朗氏が国連人権委員会で「慰安婦」を「性奴隷」と表現した。そして平成五年には同じく弁護士の高木健一氏がインドネシアに出かけて行って、補償金がもらえるからと言って、「元慰安婦は名乗り出て欲しい」と広告を出して二万二二三四人もの女性が名乗り出た。

そしてクライマックスは、平成八年（一九九六年）の国連人権委員会で、慰安婦を「性奴隷」と呼び、慰安婦の数を二〇万人とするいわゆるクマラスワミ報告を採択したこと。これは吉田清治の嘘話しを根拠にしたまったく出鱈目の報告書だった。

高木健一氏

このとき、日本は反論書を用意しながら取り下げた。なぜ反論を取り下げたのか、長い間証言する人がなく、分からなかったけれど、最近『新潮45』（二〇一七年五・六月号）で「1996年、日本の『慰安婦問題』反論文はなぜ封印されたか」と題して早稲田大学教授有馬哲夫氏が詳しく明らかにしている。というのも、この反論書の取り下げは、アメリカと相談しており、その結果すんなり取り下げている。アメリカでこの時の、この反論書に関するアメリカとのやり取りが、国務省文書の公開で明らかになったのね。

山本 どうしてアメリカと相談するの?

杉田 これは外務省の問題として関連することを第三章で話し合ったと思うけれど、当時の国連大使は小和田恒氏。駐米大使は、斎藤邦彦氏。

私も、この問題は日本の名誉が問題であって、アメリカにくどくど相談する問題ではないと思うけれど、このとき、日本はよく相談しているの。そのこと自体がすでに問題よね。

山本 それでどういうことになるの?

杉田 先ほども言ったように、この外務省にかかわる関連の問題は、第三章でも話し合ったけれど、このとき、相談の結果、アメリカから出てきた三月七日付の回答は、次のようなもの。少し長いけれど引用しておくね。

アメリカ国務省 国連人権委員会特別報告者のクマラスワミ女史の付属文書についてあなたたちの意見を私たちに伝えた2月29日の手紙に感謝申し上げます。(略)私たちは問題の報告書を読みました。そして大日本帝国軍が何千人もの女性に対して犯した深刻な人権侵害に関する特別報告者の指摘に賛成します。この点に関し、貴国が謝罪と反省を表明することによって、また、『歴史の真実と向き合う』意思を具体的な行動によって示すアプローチを評価します。

特別報告者が提起した法的な点に関しては、サンフランシスコ講和条約およびこれと類似の二国間協定の請求権の包括的処理が個人的請求権をカバーしているというのが私たちの意見です。私たちは特別報告書の法的分析とそれと関連した勧告の別の面に関して深刻な問題を持っております。

しかしながら、付属文書の他の点に関しては賛成しており、貴国政府のこの点でのイニシアティブを歓迎します。来るべき国連人権委員会で、我が国代表は貴国代表、および心を同じくする他の代表とともに女性に対する暴力という深刻な問題と取り組むことを楽しみにしております。

要するに、請求権の問題は、昭和四十年の日韓基本条約によって、請求できないことになっていることは認めるけれど、慰安婦の状態に関わるクマラスワミの報告には間違いはない、というもの。だからあまり言い立てはしない方がよいということ。

慰安婦に関する説明こそが問題なのに、このようなアメリカ側の回答を受けて、日本側は反論書を撤回したのね。

山本 まったく分からないわね。これではクマラスワミ報告を認めて、慰安婦は性奴隷で、強制連行を認めたことになるじゃない。

杉田 外務省は、慰安婦問題を育てているようなものね。何度も言うけれど、「新しい歴史教科書をつくる会」の前会長の杉原誠四郎氏がよく言っているように、慰安婦問題という〝犯罪〟を引き起こした正犯は吉田清治の嘘を掲載し、それを三十二年間にわたって取り消さなかった『朝日新聞』だけど、それが秦郁彦氏らが、それは吉田清治の詐話であることを実証しても、世界に出回っている嘘の話しに対していっさい正そうとしなかった外務省はまさに共同正犯ね。そしてその行きついたところが二〇〇七年（平成十九年）七月三十日のアメリカ下院議会での、慰安婦に関する対日非難決議。外務省の無能無策の極みね。

山本 そうよ。

杉田 それでね、こうした慰安婦の問題を考えてみると、千田夏光にしろ、吉田清治にしろ、それから植村隆氏にしろ、吉見義明氏にしろ、戸塚悦朗氏にしろ、高木健一氏にしろ、結局は、日本人が発信源なのよね。ありもしないことをあったとし、少しでも何かあれば針小棒大に拡大し、日本のことを悪く言うこの人たちの心情はどういうことなんだろう？

山本　韓国は世界中に慰安婦像を建てまくる計画をあきらめていない。それゆえ、心底では、韓国は世界から顰蹙を買っている。慰安婦問題はひとえに日本が悪くなっているだけではなく、韓国をも悪くしている。この人たち、良心が痛まないんでしょうね。

杉田　並べて見るとこの人たちすべて男の人たちばかりだよね。

戸塚悦朗氏

山本　もう一人、慰安婦問題で大きくかかわったのは、社民党党首だった福島瑞穂。平成五年、いわゆる「河野談話」をまとめるに当たって、韓国の一六人の元慰安婦に聞き取り調査を行ったとき、裏で活動している。

杉田　だけど最近は顕著な動きはしていない。女が被害者になる慰安婦問題を女が訴えても、あまり反響がない。男が問題にすると問題になる。だとするとやはり男が問題ね。
恐らく、慰安婦問題で、男は加害者の立場だから、加害者の立場に立って、加害者に代わって罪を謝罪する、そしてその上でさらに被害者の女性に優しく問いかける。そこで二重の良心の癒し。心に快感が走るんでしょうね。その点、女は被害者。だから被害者が被害者の立場に立っても、それほどの癒しにはならない。そんなところで、慰安婦問題は嘘ばっかりだから、その嘘がすけすけに見えて同情が集まらない。心地が悪くなる。被害者の立場で被害者について嘘を言うと醜いわよね。だから女の人は慰安婦問題に関わっても長くは居座ることはできない。だけど男の場合は、メッキが二重になっているので、女性によく同情する優しい人として見られ、その嘘も、優しさだからとして大目に見られるのね。だから男は、こんな嘘だらけの慰安婦問題に長く居続けることができる。

官房長官が「強制連行」を認めてしまった

山本 慰安婦問題にかかわる男たちということでいえば、もう一人巨魁がいるわね。

杉田 えっ、誰?

山本　平成五年いわゆる「河野談話」ができた時の官房長官、河野洋平よ。

杉田　あっ、そうよ。河野洋平氏は、積極的に慰安婦問題を捏造したわけではないけれど、談話を発表する際に「強制連行」を認める発言をしてしまった。でも政府高官の立場で言ったのだから、効果は決定的よ。だから慰安婦問題の最大の犯罪者とも言える。

　慰安婦問題で、平成四年の宮沢喜一首相が確かめもせず訪韓した際に盧泰愚大統領に八回も謝罪したとか、平成七年に「女性のためのアジア平和国民基金」（アジア女性基金）を設立した村山富一首相の愚行があるんだけど、河野氏のやったことは決定的。日本側の資料を全調査をして、日本軍の史料に「強制連行」を裏付けるものはないということがはっきりしたのにもかかわらず、「河野談話」では、「慰安婦の募集については、軍の要請を受けた業者が主としてこれに当たったが、その場合にも、甘言、強圧による等、本人たちの意思に反して集められた事例が数多くあり、さらに官憲等がこれに加担したこともあったことが明らかになった」とまとめただけではなく、その発表の記者会見では、日本軍による強制はあったという認識

河野洋平氏

かという記者の質問に対して、「そう事実はあったと。結構です」と、「強制連行」を求める発言をしてしまった。取り返しのつかない失態ね。

これで慰安婦の「強制連行」は政府も認める事実になり、世界を駆けめぐることになった。

山本　途方もない失態ね。

杉田　いまも非公開のままだけど、韓国で行われた慰安婦調査、これは必ずしも非公開にするつもりはなかったようね。これを公開した上で「河野談話」が出るということになっていたかもしれなかった。そうすれば「河野談話」の先ほど言った微妙な記述も、それほど威力は出てこなかった。

この調査を公開しようとしたら、河野官房長官が絶対にだめだ、と言って非公開になったとか。

確かにこの「河野談話」をもって最終的に解決したことにするという韓国側の言い分を受けて、慮って、非公開にするというのは、この時点では思いやりの外交として外交的に一理はある。

韓国は、しばらくはおとなしくなっていた。だけど、結局は、この「河野談話」とこのときの、強制性を認めるという口頭の説明を根拠にして、韓国は世界中に慰安婦を建て続けているわけでしょう。日本の善意はまったく踏みにじられた。そして二〇〇七年には、アメリカの下院議院で、非難決議をされるまでに至っているわけでしょう。

それなのによ、それなのに、河野さんは誤りを認めようとしない。

山本　まったく理解できない。

杉田　どうしてその河野自身がいまだ失態として認めていないのか。慰安婦になった人の意思に反したことをもって強制性があったと言っている。そういう意味の強制性なら、今の風俗業で働く人だって、一部には好きで従事している人がいるかもしれないけれど、多くは金銭を稼ぐためにやむをえず風俗業で働いているんでしょう。

もともとの問題は、旧日本軍が慰安婦を文字通り直接に強制連行をしたかどうかの問題でしょう。その強制連行を「本人の意思に反した」という意味に拡大し、そしてさらに、世界のどこの軍隊にもある慰安婦問題を日本軍の場合のみ、しかも日本人慰安婦もいたのに、朝鮮人慰安婦のみに焦点を当て、しかも七十年以上前で、日韓基本条約で解決済みとしていることを、韓国の政府自身が問題として提起した。

山本　馬鹿よね。

杉田　それで結果はどうなった？　解決した？　ますます問題は大きくなったじゃない。事実でないことが世界中に出回るようになって。それに韓国を見てよ。韓国は狂ったようになってしまったじゃないの。少なくともね、石原信雄元官房副長官が国会で言ったように、韓国が慰安婦問題はこれでもって言い出さないと約束して河野談話を作り発表したが、その後韓国によってこの約束が守られず残念だ、というところまでは言うべきよ。そのことを言わないままに、河野談話を否定しないままでいるのは、政治家として最高の偽善ね。慰安婦について、男だから出来る最高の偽善ね。

山本　河野氏は、いかに慰安婦問題は女性の人権問題だと言っても、そのバランスの欠如は、政治家として明らかに失格。日本も、韓国も、世界もダメにした。

杉田　そうよ。

山本　それにしても、これだけ世界を駆けめぐって、日本をおかしくし、韓国をおかしくし、世界をおかしくしているのに、それがいやでも見えているのに、慰安婦の強制連行を認めたあの発言を撤回せず、反省しようとしないあのスタンスは、心のどこからくるのかしら。左翼だってまともな左翼なら良心がある。彼には本当の意味では良心はないし、政治家としての責任感はないし、まさに最大の愚かな偽善政治家ね。

杉田　意に反して慰安婦になった女性がいることは確かだけど、それを日本軍の場合のみ問題にし、しかもそのうち韓国の慰安婦のみを問題にし、しかも七十年前のことを問題にし、謝罪し、補償を促そうとする。慰安婦問題は、明らかに現実から離れており、日本を、韓国を、世界を悪くしている。それでも河野氏は反省せず、自分の過ちを認めないというのは、判断力を喪失した劣悪な政治家というよりほかない。敵の弾に当たって死んだ兵士、爆弾によって焼け死んだ一般市民、この人たちの方がよっぽどひどい戦争の被害を受けたんじゃない。合法的な慰安として行っていて生き延びた慰安業の女性たちを、そうして七十年以上も経った今日、どうして問題にしなければいけないのよ。河野洋平氏の考え方、異常ね。

山本　もともと男の人が慰安婦の人のところへ行くのは強烈な欲求があり、そして癒しの効果も巨大。しかし一方でその行為は、相手との信頼関係に基づいて、男と女とがともに容認する自発的行為として行われること以外は認めてはならないという厳しい倫理上の建前がある。でもその欲求は、戦って死ぬかもしれないとして集まっている男にとっては、それだけ一方的に強い。

杉田　そうよ。そこに現実と建前の間に途方もない距離ができる。大阪の橋下市長の側の発言があったとき、当時行政改革担当相を務めていた稲田朋美氏は「慰安婦制度は女性の人権に対する大変な侵害だ」と言った。確かに慰安婦問題で、二一世紀の現在の時点で制度として慰安婦の制度を作るのは、人権問題だと言って許されないかもしれない。

しかし問題にしているのは、七十年以上前の実際の戦争のさなかにあって、明日は死ぬかもしれない兵士のためにあった慰安婦や慰安施設について人権問題だと言うのは、的外れ。もっと現実を見て本音で話そうよ。

山本　私、その台詞を慰安婦を問題にする男たちに言いたいのよ。なぜ、あれだけ平気で嘘が言えるんですか、と。

慰安婦は意に反して慰安婦になっている者があって、そこに強制連行はなかったとしても強制性があったと言うのなら、現在の風俗業に従事している人たちだって多くはお金のためにやむなく従事しているのであって、それも意に反しているじゃない。

でも、それによって、男性を癒してあげているんじゃない。

橋下市長が、沖縄米軍の高官は、もっと日本の風俗業を使ってほしいと言ったのは正論よ。先ほど紹介した青山大学福井教授の述べていたアメリカ国務省の性暴力の関する「年次報告」を見れば、橋下さんはいかにまっとうなことを言っていたかということになる。

あまり現実から離れて語ってはいけないのよ、慰安婦問題は。

杉田 あまり現実から離れて話してはいけないということだけど、第一章で話したけれど、慰安婦問題でジュネーブの国連に行ったとき、その街角には二十四時間営業のようにいつも売春婦が立っていたのよね。

山本 そう。

杉田 ともあれ、世界から押しよせて、慰安婦は性奴隷だった、性奴隷ではなかったと激しく議論しているとき、その人たちが泊まったホテルの近くには、売春婦が立っていた。

山本 性の問題だからやはり現実を見なければね。私はこんなことを思うことがあるの。祖父母の時代に何か破廉恥な事件を起こした二軒の家が並んでいてね、その破廉恥な事件は、その当事者である祖父母同士の間で以後持ち出して非難し合わないことを約束して解決しているのに、その子供に当たる親の代で、その親に当たる人がその被害者の側が持ち出して執拗に謝罪と補償を求める、そしてその事件があった時には、まだ生まれていなかった中学生か高校生の孫もその騒ぎの中に巻き込む。

こんな時に、たとえその破廉恥事件が事実のものであっても、その当事者である祖父母の世代で解決しているのに、その次の世代の親の一方が何度も何度も謝罪を求め、補償を求める、これが健全といえるでしょうか。この非難はまさに異常行動です。先ほど出てきた慰安婦問題にのめり込んで騒ぎ立てる人は、そうした異常行動をする人はそういう意味で異常な人と言えるわね。

大高未貴さんが産経新聞出版社から『父の謝罪碑を撤去します——慰安婦問題の原点「吉田清治」の長男の独白』という興味深い本を出していらっしゃる。捏造した話しで韓国に謝罪碑を建てたことに対して、そのご長男がいたたまれなくて、その撤去のための行動を起こしたとか。

杉田　だけどその謝罪の碑は頑丈で……。

山本　ともあれ、河野洋平氏の長男は河野太郎といって、現役の衆議院議員の政治家。この人、洋平氏が亡くなると謝罪するのではないか。少なくとも外務大臣在任中に、親の洋平氏の犯した過ちを完全に是正していただきたいわね。

ともあれ、嘘まで言って守る正義はない。ましてや慰安婦問題は、ありえない嘘の話しばかりでできあがっている。

杉田　そう。それに、七十年以上前の話であり、そして、戦場の性の問題。軍隊と性の問題は、すべての軍隊の普遍的問題なのに、どうして日本の軍隊のみ問題にしなければならないのよ。そのバランスのとれないことを平気でやれるんだから、慰安婦問題を掻き立てる人はやはり異常な人といわなければならないわね。

山本　私は思うの。人権を装って慰安婦問題を政治に利用しているのは男性だと。女性は被害者の立場。だから左派フェミニストたちは大威張りで日本軍による被害を誇張して騒ぎ立てる。

男性は加害者の立場。だから反論する男性は立場が悪い。それよりも同情する心優しい男性を装う方が得なの。そして女性の人権尊重という偽善の仮面を被って日本を貶める活動に勤しんできた。それに学者、弁護士、政治家だなんて偉い肩書も利用する。こういう男性は本当にタチが悪い。でも偽善の仮面は女性に見透かされて、逆に女性にモテないですよ。

杉田　それに高齢の元慰安婦と称する人たちを自分たちの宣伝道具にして政治利用するような人たちは、人権を大切にする人とは言えないわ。

本当に元慰安婦の人権を大切にしたいのなら、「性奴隷、謝罪だ、賠償だ」などと騒がずに感謝の気持ちを心に留めつつ、そっとしておいてあげればいいと思う。

山本　最初に「解決の見通しをつけましょう」と言いましたよね。慰安婦問題は一部の左派が未だに日本軍性奴隷被害者だと騒いでいますが、国内の誤解は殆ど解けたと言っていいと思います。

問題は日本の外。米国まで巻き込んで政治外交問題化している。これからますます必要なのは、慰安婦問題に関する事実を、迅速に絶え間なくしつこく対外発信すること。今はネット環境が発達しているので、発言は個人レベルでもできることです。

また、保守系団体は目的を決めて数年スパンの計画で取り組むことも必要だと思います。特に国連対策は作戦と計画が大切です。それから、日本の外に出て活動する保守団体がもっと増えなくては。中韓の団体と日本の左派団体がやっていることですから、できないはずはありません。

杉田　これまで長年かけて国際社会に沁みついた「慰安婦は残虐な日本軍の性奴隷被害者」という捏造を消すのは、そう簡単ではありません。でも、こちらも継続すれば必ず結果が出るはずです。

山本　私は本当は男性に期待しているんですよ。なにしろ慰安婦問題を作ったのは男性ですから。保守の男性も反撃しなきゃ。がんばれ日本男子！

杉田　本日はありがとうございました。この対談本によって、目覚めていただける日本人が多く出てきてくれることを、山本さんとともに期待したいと思います。

あとがき

この対談本は、自由社社長（当時）加瀬英明氏の取り持ちで、慰安婦問題ではすでに久しく取り組んでおられる「なでしこアクション」の山本優美子さんと、〈慰安婦問題は男が作っている。だから女で解決しよう〉という視点で対談をすることになりました。

この対談は何回か重ねて行い、九月の末に終了しましたが、その後、私は、十月の衆議院総選挙で、自民党に誘われて立候補して当選し、国会に復帰することになりました。

この対談では、かつて日本維新の会で慰安婦問題取り組んだ議員の質疑の実績をまとめることができました。大変嬉しく思っています。その後、慰安婦問題を追及した議員は分党の際に全員が次世代の党に移り、慰安婦問題に継続して取り組んできました。が、残念ながら、その後の総選挙ではばたばたと落選し、現在も復帰していない有為の同志がたくさんいます。この方たちの一日でも早い国会復帰を祈念しながら、私は今後も慰安婦問題には真摯に取り組んでいきたいと思っています。

なお、対談中は本来なら「先生」と呼ぶべき私の尊敬している方々に、対談の形式に従って「さん」とか「氏」でお呼びしていますが、どうぞお許しください。

平成二十九年十二月

杉田水脈

あとがき

慰安婦問題に取り組もうと「なでしこアクション」を立ち上げてから七年近く経ちます。最初はほんの数人の仲間だけでしたが、慰安婦問題が海外に広まるにつれ世界各地の方と連携できるようになりました。国内では有識者の方、そして国会議員にも協力いただけるようになりました。杉田水脈さんもその一人です。

杉田さんは国会議員らしくないと言ったら失礼かもしれませんが、バッチを付けてる偉い議員先生という雰囲気は全くありません。いつも溌剌としてチャーミング、とても親しみやすい方です。一方、困難にも粘り強く取り組む姿は、さすが国会議員になられた方だと納得します。

海外に広まり、反日の政治運動に利用されている慰安婦問題。このままでは私たちの子供や孫の世代への負の遺産となります。自分にできることはないだろうかと思っている方は多いはず。そんな方にこの本をぜひ読んでいただきたい。一民間人として女性でも何ができるか、どういう行動を起こすことができるかを考えるきっかけになると思います。

最後に杉田さんの政治家としてのこれからのご活躍を心よりお祈りしています。そして「なでしこアクション」を陰で支えてくださる国内外の皆様に心より感謝申し上げます。

平成二十九年十二月

山本優美子

【著者紹介】

杉田 水脈（すぎた みお）

昭和42年兵庫県生まれ。鳥取大農学部林学科卒。兵庫県西宮市役所勤務などを経て、平成24年に日本維新の会公認で衆院選初当選。26年に落選後は国際社会での日本の汚名をそそぐために、2015年から国連の女子差別撤廃委員会や人権委員会などでスピーチやイベントなどを行っている。また、国内だけでなく、オーストラリアのメルボルンをはじめ海外でも精力的に講演活動を行っている。平成29年に自民党公認で衆院当選。

山本 優美子（やまもと ゆみこ）

正しい歴史を次世代につなぐネットワーク「なでしこアクション」代表。平成23年に慰安婦問題を私達の世代で終わらせるため女性中心のネットワークを立ち上げる。先人の名誉とこれからの世代の日本人のために、在外邦人とも連携し日本から世界に広がる捏造慰安婦に対抗すべく行動中。著書に『日本が守る日本の誇り』（青林堂）。共著に『国連が世界に広めた「慰安婦=性奴隷」の嘘―ジュネーブ国連派遣団報告』（自由社）がある。

女性だからこそ解決できる慰安婦問題

平成29年12月23日　初版発行

著　　者　杉田水脈　山本優美子
発 行 所　株式会社 自由社
〒112-0005 東京都文京区水道2－6－3
TEL 03-5981-9170　FAX 03-5981-9171
発 行 者　植田剛彦
編集協力　有限会社ライムライト
装　　丁　イーシンコミュニケーションズ株式会社
印　　刷　シナノ印刷株式会社

写真提供　共同通信社・時事通信社・時事通信フォト・朝日新聞社・AFP

ISBN 978-4-908979-06-4　C0031
URL　http://www.jiyuusha.jp/　Email　jiyuuhennsyuu@goo.jp